技术集成能力作用机理
及演化提升研究

Research on Function Mechanism and Evolution
Promotion of Technology Integration Capability

郭 亮 著

中国财经出版传媒集团

经济科学出版社
Economic Science Press

图书在版编目（CIP）数据

技术集成能力作用机理及演化提升研究/郭亮著
. -- 北京：经济科学出版社，2023.1
ISBN 978 - 7 - 5218 - 4501 - 3

Ⅰ.①技… Ⅱ.①郭… Ⅲ.①企业创新 - 研究 Ⅳ.
①F273.1

中国国家版本馆 CIP 数据核字（2023）第 014260 号

责任编辑：李晓杰
责任校对：王苗苗
责任印制：张佳裕

技术集成能力作用机理及演化提升研究

郭 亮 著

经济科学出版社出版、发行 新华书店经销
社址：北京市海淀区阜成路甲 28 号 邮编：100142
教材分社电话：010 - 88191645 发行部电话：010 - 88191522
网址：www.esp.com.cn
电子邮箱：lxj8623160@163.com
天猫网店：经济科学出版社旗舰店
网址：http://jjkxcbs.tmall.com
北京密兴印刷有限公司印装
710×1000 16 开 12 印张 230000 字
2023 年 4 月第 1 版 2023 年 4 月第 1 次印刷
ISBN 978 - 7 - 5218 - 4501 - 3 定价：49.00 元
（图书出现印装问题，本社负责调换。电话：010 - 88191510）
（版权所有 侵权必究 打击盗版 举报热线：010 - 88191661
QQ：2242791300 营销中心电话：010 - 88191537
电子邮箱：dbts@esp.com.cn）

前　　言

技术集成能力是技术集成的内生动力，其能力水平将会对企业的集成实施效果产生巨大影响。作为支撑企业集成创新的核心要素，技术集成能力已逐步引起企业决策者及管理层的高度重视。虽然国内外学者对技术集成能力的相关研究已取得一定成绩，但以其为核心对象并展开深入剖析的研究不多，大部分研究是在论述技术集成理论时将其视为内化能力而谈及，仍停留在对其内涵的初步探讨上，使技术集成能力的发展及提升缺乏理论支持，直接导致部分企业集成效果不显著，严重阻碍了企业创新活动的开展和集成创新的实现。鉴于此，本书以面向集成创新的企业技术集成能力作用机理及演化提升为研究核心，通过对企业技术集成能力的内涵、构成维度、作用机理、演化机理、评价及提升策略的系统研究，为我国企业正确认识技术集成能力作用、加强集成化管理，进而为实现自主创新提供理论借鉴与实践对策。

本书通过对技术集成相关概念的回顾，从动态视角界定了企业技术集成能力的研究范围及具体内涵，指出了技术集成能力具有抽象性、动态性、累加性和系统性的能力特征，并基于信息维、学习维、技术维三个维度提出了技术集成能力由技术监测能力、技术学习能力、技术系统整合能力三个子能力构成。借鉴动态能力与竞争优势的理论关系，构建了技术集成能力作用机理理论模型的分析框架，将组织柔性引入分析框架中，综合分析了企业技术集成能力对集成创新作用机理。在对分析框架进行解释的基础上，探讨了技术监测能力、技术学习能力、技术系统整合能力对集成创新的作用效果、三个维度相互间的作用路径、组织柔性的调节作用，并提出了技术集成能力对集成创新作用机理的研究假设。

通过问卷调查获取企业数据，运用相关分析、回归分析、结构方程模型等分析方法对技术集成能力作用机理展开实证研究。结果表明，技术监测能力、技术学习能力和技术系统整合能力对集成创新的作用效果都非常显著，均是影响集成创新实现的重要因素；技术集成能力三个维度间也是彼此影响的，当技术系统整合能力的力度积累到一定程度时又会反作用于技术监测能力。在这种反复循环过程中，技术集成能力得以提升。此外，组织柔性作为半调节变量，在技术集成能力与集成创新之间起到正向的调节作用。通过实证分析，进一步揭示和完善了技术集成能力对集成创新的作用机理模型。

为进一步揭示技术集成能力的形成与发展，本书将生命科学理论应用到企业技术集成能力演化中，认为技术集成能力的大小由其 DNA 所决定，具有双螺旋结构，在此基础上构建出企业技术集成能力的生命模型，并通过该模型研究技术集成能力演化的过程，进而剖析演化过程中各阶段的特征。结合组织惯例理论，分析了技术集成能力的演化机理，详细阐述了演化的内在动因及演化机制，指出企业在集成过程中，受到复制机制、变异机制和重组机制三种演化机制的影响，使技术集成能力的演化具有一定的规律性和方向性。在能力提升内在动力的驱使下，三个子能力彼此关联、相互耦合，有不同程度的改变和增长，最终促使技术集成能力整体提升。

最后，本书在构建技术集成能力评价模型的基础上，采用 AHP 和模糊 TOPSIS 相结合的综合方法对企业的技术集成能力进行评价，分析了造成评价效果差异化的原因，指导企业查找不足，并运用案例验证了评价模型的适用性，揭示了能力的演化过程，同时从内生性、协同性和驱动化三个方面提出了技术集成能力的提升途径及对策建议，为企业在实施柔性化管理，优化集成创新机制等方面提供理论借鉴，从而使我国企业实现技术跨越式发展，获取长期而持续的竞争优势。

郭 亮

2022 年 12 月

目
录

contents

>   >   >   >   > ·   >

第 1 章

绪　　论

1.1　研究背景及问题提出

1.1.1　研究背景

21世纪，企业正处在技术日新月异、产品更新十分频繁、消费者需求偏好不断变化的动荡环境中，不仅面临的生存压力越来越大，竞争越来越激烈，而且市场需求和产品特征也愈发多样化、个性化。同时，由于技术水平提升产生的级数效应，信息化发展形成的产业集聚，组织结构变化导致的管理模式变化等因素都对企业迅速应对环境变化的能力提出了更高的要求。在动态环境中，企业如果固守已有的竞争体系，仅靠现存资源获取长久的竞争优势，将很快被其他更具创新能力的竞争对手所替代。如何在动态发展中，充分利用内外部资源获取竞争优势，不断强化竞争力，是学术界和企业界普遍关注的热点问题，也是可持续发展理论讨论的核心及重点。

近年来，我国经济持续高速增长，为世界所瞩目，经济模式也由高投入、高消耗、高污染、低产出的外延式、粗放式的发展模式转向内涵式、集约式的自主创新模式。自主创新的目的在于提升创新能力，通过创新实现我国企业的技术追赶乃至超越。企业可以根据自有能力和拥有的资源，在面临创新的不同阶段时选择不同的创新模式。自主创新模式可分为原始创新、引进—吸收—再创新和集成创新。原始创新是我国企业一直努力的目标和方向，但要做到原始

1

创新需要企业拥有创新所需所有基础要素，如巨大的资源投入、优秀的创新人才、领先的技术水平、完善的信息化管理等，否则原始创新将具有很大的风险，因此，完全的原始创新对现阶段的我国企业具有一定难度。引进创新一度成为我国企业自主创新主要依赖的创新方式和主导模式，不可否认，从外部获取新技术和新工艺，并在消化吸收的基础上进行产品研发确实为发展中国家实现技术追赶，完成技术创新作出了巨大贡献，但现在由于受到国外技术壁垒的影响，所引进的技术多是成熟或过时技术，时效性和再创新性不强，一些关键的、高技术含量的核心技术依然无法获取，而且由于"天花板"效应的影响，技术引进的拉动作用也逐步减小。同时，由于我国企业竞争能力不断强化，国外企业逐渐忌惮，技术输出日渐保守，技术引进因此越来越困难，导致我国企业在技术创新上陷入瓶颈。如何突破这种发展困境，实现进入自主创新的质变，其手段及方法成为企业极度关注的焦点。

集成创新模式的出现弥补了从模仿到创新过程中战略模式应用的缺憾。在国际化竞争日趋激烈的背景下，充分利用外部资源，有效集成内外部资源、缩短产品开发周期，以塑造自主品牌差异化竞争力来提升创新能力，集成创新更具有现实意义。与原始创新和引进创新相比，集成创新要求企业对资源的把握和整合能力，企业虽然不完全拥有所有的资源，但却可以迅速将内外部资源相融合，使各要素相匹配。因此，作为一种更经济的创新方式，集成创新可以成为技术跨越的突破口，实现技术的低成本跨越。集成创新的核心内容之一就是技术集成。技术集成与其他创新模式相比，更注重产品的系统创新、价值创新、服务创新和应用创新，更关注企业技术管理模式和方法，因此，也便于被理解与操作。通过将技术集成创新模式与企业生产经营相联系，可以实现企业技术创新战略，从而提升企业综合竞争力。

技术集成是企业进行技术创新的一种战略选择。事实证明，20世纪90年代美国电子行业的再次复苏，日本、德国等国家许多产业战后能在短时间获得有力的竞争地位，以及韩国、中国台湾的快速崛起，在很大程度上依赖于技术集成的实施。在技术和经济不断发展的今天，无论是企业还是社会，都需要资源和能力的支持以及技术和经济的协调发展，因此，以组织战略为导向的技术集成可以在满足市场经济需求的同时，将国内外两个市场的技术和知识整合起来，加快企业进行产品创新和工艺创新的步伐。

综上所述，面临环境的不断变化和竞争的日益激烈，企业比以往更依赖于创新行为及创新能力，而创新范式的变化和创新模式的改变，使企业将焦点逐渐转移到集成化战略的制定和实施及集成能力的提升上。为获取持续有效的竞争优势，企业不断地完善集成管理机制、优化集成流程，从而改善集成效果，提升企业创新绩效。正是在这样的理论基础和实践应用背景下，技术集成及其能力理论成为国内外学者的关注焦点及重要研究课题。

1.1.2 问题提出

随着创新模式的不断改进，我国企业自主创新能力也随之提升，企业在增加研发投入的同时，以技术革新及管理创新为手段推动技术产业化发展。但是与国外企业，尤其是与国外高新技术企业的技术水平相比还有很大差距，我国企业对行业内关键的核心技术并没有完全掌握。而且由于企业自身技术基础比较薄弱，创新能力不强，企业在自主知识产权、专利、自主品牌等方面表现不佳，从而造成了我国企业在一定程度上缺乏国际竞争优势。

为了改变这种局面，我国企业多年来一直在寻求一条适合自身技术发展的创新之路。技术跨越式发展作为一种超常规的快速发展方式，成为我国赶超世界发达国家的一种理想途径。技术跨越式发展是通过参考发达国家的发展经验，整合国外先进技术和国内自主创新，以非连续的方式前进，跳过某些发展阶段，追赶甚至超越领先者，形成自身产业优势，从而提升国际竞争力的发展模式。而集成创新理论正蕴含在跨越式发展的概念及范畴中。

集成创新是使有机体整体功能发生质的跃变的一种自主创新过程，其将内外部各种创新要素经过选择搭配，形成一个有机整体，实现技术要素的优势互补，完成创新行为。技术集成是技术管理范式之一，它可以充分利用市场资源，进行各分支技术的整合，再利用其进行二次创新，实现需求与供给的匹配，在满足产品研发创新的同时，满足技术市场的需求。技术集成也有助于我国企业完善创新管理机制，调整组织管理结构，从而实现技术跨越式发展，逐步走向产品技术的独立。

技术集成理论研究因其对实践的重要意义而日益成为研究的热点。但人们忽视了技术集成之所以能够迅速实现资源的系统整合，完成技术创新，提升创新绩效，是因为其内在能力的支撑，而正是在这种能力的支撑下，企业的集成创新才得以顺利实施。虽然目前技术集成这一模式已被广泛应用并得到普遍认可，但相比日韩、欧美等国家和地区在技术集成上所取得的实质性技术跨越，我国企业技术集成的整体效果并不显著，面向新产品创新和面向制造流程的技术集成能力的薄弱已成为制约我国企业提高国际竞争力的两大瓶颈，同时也成为新产品开发全过程中亟须跨越的两大鸿沟。这是因为以往的研究更多是简单的将技术集成能力视为内化能力而谈及，并没有给予其足够的关注，这直接导致集成创新的效果不明显。

因此，我们有必要对技术集成能力展开更为深入的探索和研究。从理论层面来看，现有技术集成理论研究范围非常广泛，从内涵、过程、影响因素、作用效果到后来概念界定的外延、演化机制、协同机理，研究结果比较丰富，但对于技术集成能力的分析还停留在其概念界定及构成维度上。目前有关企业技术集成能力对集成创新作用的研究较为匮乏，使企业对技术集成能力重视不足，也无法明确影响集成创新绩效的主要因素。从实践层面上看，由于对技术集成能力演化过程和演化方式掌握不足，对其能力形成及机制管理方面较为模糊，技术集成无法充分发挥其应有的创新推动作用，造成企业集成创新效果不理想，阻碍了自主创新能力的提升。因此，揭示技术集成能力作用机理及演化提升方式等科学问题，从实践层面指导企业实现集成化创新管理，是现阶段亟待解决的关键问题。

在当前形势下，创新技术固然重要，但更重要的是如何充分利用适宜资源进行集成创新，技术集成能力已经成为当今企业获取核心竞争优势的主要来源之一。现有的技术集成及其能力理论体系的不完善，使得企业在技术集成过程中缺乏理论参考依据。因此，对技术集成能力的作用机制和演化提升进行全面、系统的理论分析和实证研究是现在迫切需要解决的现实问题。技术集成能力的研究范围是什么？由哪些要素构成？技术集成能力如何作用于集成创新，作用效果如何？组织结构在此过程中起到的作用如何？技术集成能力的演化过程如何？技术集成能力的评价如何展开？以我国企业为对象，以层层剥茧的形式逐一地对其展开系统性、综合性分析，有助于丰富及完善技术集成能力理论与方法，从实践操作上指导企业实现集成创新发展，提升企业综合竞争优势。

本书将重点针对企业技术集成能力对集成创新作用机理及演化提升展开研究，在分析技术集成能力的内涵及构成维度的基础上，阐明技术集成能力对集成创新的作用路径和作用程度，揭示技术集成能力的演化过程及演化机制，评价技术集成能力发展水平，探讨技术集成能力的提升方式及提升对策，以此来指导企业培育技术集成能力，完善集成化创新发展战略，从而为创新驱动我国企业技术跨越式发展提供借鉴。

1.2 研究的目的及意义

1.2.1 研究目的

本书以技术集成能力作用机理及演化提升为研究对象，运用定量与定性相结合的研究方法，分析技术集成能力的内涵及特征，探讨企业技术集成能力的结构维度，构建技术集成能力对集成创新作用机理理论模型，对技术集成能力进行测度分析，揭示技术集成能力对集成创新的作用机理及传导路径；在此基础上借鉴生命科学理论、自组织理论、组织演化理论探讨技术集成能力的形成与发展，建立技术集成能力生命演化模型，分析技术集成能力的演化过程及生命周期特征，揭示技术集成能力演化机制及驱动因素；构建技术集成能力评价模型，选择适宜的评价方法对技术集成能力进行评价，为企业系统全面地培育技术集成能力，提高创新绩效提供建议和实施对策，从而使企业突破创新发展瓶颈，实现技术追赶乃至跨越，提升我国企业的综合竞争优势。

1.2.2 研究意义

技术集成能力的形成与演化是一个动态的过程，从技术集成能力的内涵本质、结构要素、作用机理、演化机制及发展评价等方面研究企业内生能力问题，有助于揭示创新能力的形成"黑箱"。本书从理论和实践两个层面对技术集成能力作用机理及演化提升展开系统性分析，具有重要的理论价值和实践指导意义。

在理论意义层面，从动态视角分析技术集成能力的内涵及构成维度，借鉴动态能力理论构建技术集成能力对集成创新作用机理分析框架，运用理论模型和实证模型进行验证，有助于完善技术集成能力理论体系，深化研究内容，拓展研究领域，探索技术集成及其能力理论的内在规律，发挥新形势下的企业竞争优势，为企业集成化管理提供理论咨询和技术指导。

同时，引入生命科学模型解析技术集成能力的形成"黑箱"，阐述"生命"各阶段的能力特征，分析技术集成能力的演化动因和演化机制，这不仅深化了对技术集成能力本质和规律的认知，也进一步丰富了生物学、管理学等交叉学科研究的理论内涵，在一定程度上填补了该领域目前在理论研究上的不足。

在现实意义层面，通过对企业技术集成能力作用机理的全面分析，有助于企业识别集成创新的关键要素，突破产品研发过程中的关键技术，降低复杂产品研制的技术风险，缩短研制周期，节省研制费用，提升企业集成创新绩效，增强企业的综合竞争力；技术集成能力的演化及评价分析，在一定程度上有助于简化技术集成能力内涵过于抽象、难以理解的问题，使其在培养过程中具有可操作性，其能力评价模型的构建也有助于企业在同行业中了解自身集成能力的现状，指导企业查找不足，明确今后的努力方向和目标，抓住重点，有的放矢地进行技术集成的实施及集成能力的培育。本书对技术集成能力的深入研究有助于加速经济集成化进程，实现以集成化带动工业化、信息化及竞争能力的持续发展的目标，最终提升我国企业的自主创新能力，实现创新驱动发展。

1.3　主要研究内容

本书以面向集成创新的企业技术集成能力作用机理及演化提升为主要研究内容，在梳理国内外相关研究的基础上，通过理论分析与实践相结合，定性分析与定量分析相结合的研究方法，阐述了技术集成能力的内涵及结构，揭示了技术集成能力对集成创新的作用机理，构建了技术集成能力生命演化模型，阐述了技术集成能力演化机制及评价方法，提出了技术集成能力的提升对策及建议。具体来讲，本书主要内容包括：

第 1 章和第 2 章是绪论、文献综述及相关理论。主要对技术集成的概念、特征、过程及作用效果，以及技术集成能力的内涵、结构、作用机理、演化评价等方面进行文献梳理，并对相关文献进行评述，指出现有研究的不足，为本书的开展奠定理论基础。

第 3 章是技术集成能力对集成创新作用机理的分析框架。通过研究技术集成的相关概念，明确了技术集成能力的内涵、特征及其与其他类似概念的差异，基于能力维度的划分依据从动态视角建立了技术集成能力的结构模型，并借鉴动态能力的作用范式构建了面向集成创新的企业技术集成能力作用机理的分析框架。

第 4 章是技术集成能力对集成创新作用机理的理论模型与研究假设。在前文的分析基础上，构建了技术集成能力对集成创新作用机理的理论模型，将组织柔性引入分析框架中，深入探讨技术集成能力与集成创新的关系、技术集成能力各构成要素间的相互关系、组织柔性在技术集成能力与集成创新间的调节作用，并通过分析技术集成能力、组织柔性与集成创新三者的作用关系，提出研究假设。同时，本部分还开发了技术集成能力、组织柔性及集成创新绩效的测量量表，并通过预调查，对所开发的量表进行了可靠性和适用性检验。

第 5 章是技术集成能力对集成创新绩效作用机理的实证研究。设计调查问卷，确定样本容量，利用问卷调查等方式获取数据。运用描述性统计分析、验证性因子分析、相关分析、回归分析及结构方程模型等方法对样本数据进行分析，对所提出的理论假设进行验证，并对实证结果进行了充分探讨，从而得出全面、完整的技术集成能力作用机理模型。

第 6 章是技术集成能力的演化。通过分析能力演化的理论基础，构建技术集成能力演化的生命模型，分析技术集成能力的演化过程及各阶段的特征变化。借鉴生物学、组织惯性等理论，构建了技术集成能力演化机理模型，探索技术集成能力的演化保障机制与内在动因，进一步揭示技术集成能力的演化模式及演化机制。

第 7 章是技术集成能力的评价。构建了基于 AHP—模糊 TOPSIS 法的技术集成能力评价模型，具体阐述技术集成能力的评价方法及应用步骤，并结合具体实例进行论述，验证评价模型及方法的有效性和实用性，对多企业评价及不同企业间技术集成能力发展水平进行比较，进一步揭示技术集成能力的关键影响因素及提升路径。

第 8 章和第 9 章是技术集成能力的提升策略研究及结论。基于技术集成能力演化的内在动因及技术集成能力三个构成维度之间的相互关系，进一步探讨企业技术集成能力形成及培养的路径及策略，为企业形成及培育技术集成能力提供有效建议，最后全面阐述了本书结论。

1.4　研究方法与研究路线

1.4.1　研究方法

本书研究的方法主要包括：

（1）文献与理论研究。文献的查阅和理论的探讨是本书的基础，通过对技术集成理论、动态能力理论、集成创新理论、演化理论等相关领域内文献的研究和综述，提出本书的议题。本书基于管理学科视角，融合相关领域的研究成果，借助交叉学科的研究工具，研究企业技术集成能力的作用机理及演化机制。

（2）实证研究方法。在文献研究和理论分析的基础上，提出研究模型和研究假设，并应用定量与定性研究方法进行检验。通过调查问卷获取实证数据，进而采用相关分析、回归分析、结构方程模型等方法分析验证文中所提出的基本假设，对企业技术集成能力、组织柔性、集成创新绩效之间的关系及技术集成能力的评价等方面进行综合分析。

（3）仿生学研究方法。结合生命基因理论，建立技术集成能力演化的生命模型，分析技术集成能力的双螺旋结构，探讨技术集成能力生命周期以及每个各阶段所具特征，阐述技术集成能力的变异机制、复制机制及重构机制，揭示技术集成能力提升的内在动因。

（4）案例研究方法。企业技术集成能力是一个系统性的有机整体，构成的各要素间具有错综复杂的相互关系和作用影响。通过选择典型企业为样本，获取企业集成创新现状与历史数据，探讨其技术集成能力的形成发展、演化过程及作用路径，研究其成长"黑箱"。

1.4.2　研究路线

按照本书的研究思路，构建出技术集成能力作用机理与演化提升的研究路线（见图1-1）。

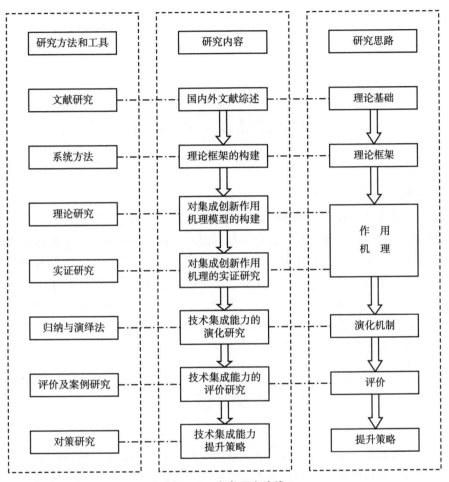

图 1-1 本书研究路线

第 2 章

文献综述及理论基础

面对技术的不断革新和市场需求的加速变化，技术和经济及技术和市场已经密切联系在一起，彼此相互促进并相互制约。在这个过程中，企业间竞争态势也发生了微妙变化，那些擅长技术集成的企业可以更为迅速地获取有力竞争优势。在这个复杂的技术网络中生存的单个企业无法做到与最新技术的同步发展，掌握有关产品的所有分支技术，因此，集成创新成为企业实现技术创新乃至技术跨越的主要方式。本书将围绕技术集成能力作用机理及演化提升，从以下几个方面对国内外研究现状进行综述。

2.1 技术集成文献综述

技术集成是其能力形成的载体，因此有必要对技术集成的概念、作用效果及过程进行分析梳理，明确技术集成理论发展现状，进而为技术集成能力的深化研究提供理论依据。

2.1.1 技术集成的产生及发展

技术集成从属于技术管理理论范畴，主要是针对技术的创新与发明。集成又称整合，是指集成主体按照一定模式，对各结构单元进行创造性地组合、优化，形成一个有机的整体系统，使其发挥各个集成单元无法发挥的效用和性能，完成特定目标和功能的过程。各集成单元的简单组合并不是集成，集成是特指构成单元主动选择匹配，以最优的形式结合在一起，发挥最大的效能，实现集成单元或要素的协同发展。集成创新是指集成原理和方式的改变而引起整体的变化。广义的集成创新一般包括知识集成、技术集成、组织集成、战略集成等。

随着创新环境的不断改变，创新模式也随之发生变化。技术融合是较早出现的集成思想，其核心内容是将分散在不同领域的技术加以整合从而产生新产品的过程。哈德森和克拉克（Henderson & Clark，1990）提出了建构创新的概念，指出企业应重视现存技术的重新组合，他们认为企业产品的开发需要元件知识和构建知识，其中，元件知识是指产品中的核心设计思想及其运用的知识；构建知识是指将各个元件连接在一起形成整体所需要的知识。哈德森（Henderson，1994）认为建构能力可以通过整合利用元件知识来提高。哈达克等（Hardark et al.，1998）指出企业发展变化的未知性和风险性是由于外部环境变化所导致的技术多元化所造成的，因此企业应及时作出调整，通过系统集成进行产品创新，这一方面使企业完成产品创新从而持续发展下去，另一方面也促进企业进行灵活、动态的调整从而适应环境的变化。唐（Tang，1998）研究指出，在产品开发过程中可以开展跨时整合，即将以往收集的关于技术和市场的知识整合到产品开发中去。这些早期研究为技术集成理论的形成奠定了基础。

技术集成的概念是由伊恩斯蒂（Iansiti，1995）首次提出的。伊恩斯蒂对美国 IT 产业进行深入研究，认为美国的计算机和半导体行业能够再次获取竞争优势，其主要原因在于对资源进行重新配置，通过资源整合和研发体制的结构性重构，缩短生产时间，提升创新绩效。因此，伊恩斯蒂将技术集成概念化为产品开发模式，是为实现产品技术方案与市场环境相匹配，在众多可行方案中寻找最佳经济效果的方案，从而在产品开发和制造工艺中选择和提炼所适用技术方法的过程。在后来的研究中，伊恩斯蒂（1997）对技术集成做了更加明确的解释，指出技术集成是一系列技术选择、实验选择、方案设计和执行评价的循环过程。在其之后的研究中，伊恩斯蒂（1998）又将技术集成界定为对新产品及其工艺所采用的一系列的技术评价、选择和提炼的方法，目的是在进行技术选择和决策时，将各种知识与企业自身特有的环境匹配，成功完成产品和工艺开发。

技术集成概念的提出得到了学术界的广泛关注，一些学者在伊恩斯蒂研究的基础上对技术集成的概念体系进行了拓展。贝斯特（Best，2001）在其所提出的基础创新模型中提出产品构建的重要性，他认为企业应以网络化的形式链接在一起，共同构建产品系统和产品平台，从而提升研发实力。麦克等（Mark et al.，2002）提出技术集成是多种功能的集成，各种要素的融合和匹配过程是提升技术集成效果的重要机制。玛莎（Marsh，2003）提出，在将跨时段整合应用在产品开发过程中，可以将不同阶段和不同时间的技术和知识整合运用在现阶段的研发生产中。布沙伊卜等（Bouchaib et al.，2007）研究认为，技术集成过程中应重视对各种新技术的评估，以提高 R&D 的管理效率，为企业确定最终技术路线。

随着技术集成理论的发展，我国学者也逐渐对其产生兴趣并开始关注，很多学者在借鉴国外研究的基础上对技术集成展开了深入探讨，其中具有代表性的包括：傅家骥等（2003）首次提出面对工业生产的技术集成概念，认为技术集成有助于企业解决技术创新和实际生产相脱节的问题，技术集成通过将多项分支技术和各门类知识进行相互融合，以此形成有效的产品制造方案和制造流程，完成创新产品的批量化生产，进而实现企业生产的规模效益；江辉等（2000）在研究中指出技术集成的关键在于对产品市场特征的把握，将外部已成熟的技术与企业现有技术在产品中高度融合，以较少的消耗换取较大的成效，快速占领市场，获取市场占有率的方式和手段；余志良等（2003）将技术集成界定为在新产品开发过程中，企业通过系统集成评估方法将外部选择获取的新技术与企业现有技术有机融合在一起，完成资源的配置和能力培养的过程，并强调技术集成是以企业现有技术水平为基准，通过创新主体的合作实现技术的有效选择；魏江等（2007）在综合分析技术集成概念演化历程中，提出了一个具有普遍性的技术集成概念，即技术集成是以市场为导向，以自身技术基础为出发点，对企业内外部的技术和工艺进行甄选、转移、重构的一个动态循环过程；颜建军等（2016）认为开放式集成创新的核心本质是强调内向和外向开放式创新要素的协同，在创新开放集成过程中识别出影响创新绩效的关键因素，对于优化创新资源配置，降低创新成本，提升开放集成创新能力尤为必要；卢扬帆等（2020）指出技术集成应针对不同层次、环节的技术模块识别其技术共性，使各模块相互对接的接口灵活重组，满足有效交融、优势互补的绩效管理需要。从国内外学者的研究中可以发现，技术集成不仅是集成创新理论的研究热点，更是企业进行自主创新的重要途径之一，已成为发展中国家及其企业实施创新的合理化战略选择。

2.1.2 技术集成的作用效果

技术集成模式之所以被理论界和实业界广泛接纳，最重要的原因在于这种模式的应用能在很大程度上提升企业绩效。伊恩斯蒂对技术集成进行实证研究后提出，技术集成介于产品研发与实物应用之间，其过程的实施虽然没有直接作用于技术潜力的提升，但却对产品开发绩效产生直接影响，并在一定程度上有助于新产品的技术产出的提高，并指出产品开发绩效主要受到集成过程中的试验能力、研究经验、最短试验时间等因素的影响。伊恩斯蒂还认为，随着环境变化不断的多元化，企业如果仅重视基础性研究，忽视系统化研究，就容易造成研发的片面性和缺失，企业应运用的新技术一定要与企业实际环境相匹配，从而优化产品生产流程，提升企业制造能力。哈达克等在研究中指出，系统集成可以使企业实现创新活动，并有助于企业创新绩效的提升。戴尔（Dyer，1998）认为企业内部所拥有的资源数量虽然会对企业创新优势产生影响，但对这种竞争优势影响更多的是来自那些嵌套在社会网络中，竞争对手无法模仿的资源和能力，因此，对资源的整合能力显得尤为重要，技术集成模式有助于企业合理配置资源，提升企业创新绩效。

国内学者通过理论分析和实证研究验证了技术集成对提升企业绩效有显著影响。王毅等（2002）在对产品技术构建的研究中指出，企业可以利用获取的外部技术与内部已有的元件技术相融合，整合形成新的技术构架，降低产品成本，从而提升企业绩效。张米尔等（2004）通过对深圳朗科科技有限公司、大连机车车辆厂等企业的技术集成成长机制展开研究，指出技术集成这种创新模式可以使企业充分利用外部技术，提高技术转移效率，提升企业技术能力，同时可促进企业开展技术学习，帮助企业克服制约产品开发和能力成长的技术瓶颈，提升创新绩效。李坤（2009）在研究企业跨知识转移时提出，企业在进入新产业时，要在充分利用原有产业知识的基础上，汲取外部知识，而技术集成有助于企业在利用外部知识的同时，重构企业已有技术体系，通过系统技术学习推动新产品开发，保持产品开发的主动权，使知识转移更具导向性。连蕾（2016）基于企业成长和技术系统演化的有关理论，对企业的技术发展历程从技术模仿到技术集成创新再到技术自主创新及其技术创新发展战略的确定与实施进行了探究，指出技术集成创新有助于提升企业获取长期利润的能力。

随着技术水平及创新能力的提升，发展中国家开始关注技术源创新的跨越式发展，一些学者也将关注点集中在集成创新对技术跨越模式及影响程度等方面。金军等（2002）将集成创新理念融入我国现阶段技术跨越式发展战略中，指出创新主体可以采用"拿来主义"，充分获取国外一流的技术与产品，通过技术集成完成产品及工艺创新，逐步培养自身的技术力量，了解产品的技术特点并掌握核心技术，快速提升技术能力从而进入国际技术领先行列，最终实现技术跨越。周晓宏（2006）认为，技术集成的创新在于将企业新技术与现有技术进行创造性交叉融合，从而进行内外和外部集成，由于创新主体的能动性，企业技术创新绩效显著地提升，进而强化企业的市场竞争能力，这种模式已成为企业实现技术跨越的重要突破口。黄燕等（2007）将基于集成创新的企业技术跨越模式划分为三大类七小类，并强调与外部新技术源建立和保持长期、稳定的合作关系，是实现技术集成跨越的基础和前提。通过总结众多学者的观点可知，技术集成这种创新模式对企业绩效、创新绩效以及技术跨越式发展都有着较大的影响作用。张煜等（2018）分析技术集成对模块化产品创新的影响以及利用式学习、探索式学习、模块可降解性的调节效应，结果表明技术集成对不同层次模块化产品创新，即模块创新和架构创新都有显著直接影响，有助于企业实现突破性技术创新。贺俊等（2021）指出，技术集成本质上反映的是集成商和模块供应商之间的关系重构和整合，装备制造企业通过建构性能、集成性能和演进性能影响复杂装备产品性能的提升，促进我国装备制造业转型升级，实现制造企业高质量发展。

2.1.3 技术集成的过程管理

技术集成是如何具体实施的，在实施过程中又有哪些程序或步骤，在这些问题的促使下，国内外学者对技术集成的过程模式展开探讨。伊恩斯蒂（1994）提出技术集成应从产品开发中分离出来，其过程阶段包括明确项目、技术评价和系统集成。扎赫拉等（Zahra et al., 2002）从知识转移视角出发，认为对知识整理、吸收和利用构成了技术集成的实施过程。法雷尔等（Farrell et al., 2005）认为企业技术集成过程可具体分为合并、重组、创新三个阶段。

国内学者在探讨技术集成流程中，更集中于集成步骤的制定及划分，其阶段也划分得更为详细，其中比较具有代表性的包括：余志良等（2003）在强调集成各方协同管理的前提下提出确定项目明细、评估和选择新技术、系统集成新技术与现有技术三个阶段；张光前等（2003）基于系统观视角，从逻辑和知识两个维度构建了技术集成的过程模型，并指出该模型是建立在知识分类和逻辑关系的基础上，并以深圳朗科闪存盘开发为例，探讨模型的一般性和实用性；魏江等（2007）通过对技术集成演化的分析指出，一个完整的技术集成过程由技术甄选、技术转移、技术重构三个阶段所构成；邓艳等（2008）

通过对企业的调研探讨了面向生产的技术集成过程中资源的整合机制,认为技术集成项目的主要流程包括项目控制、任务提前参与和工业生产环境的考察,并指出信息流动在项目进展过程中异常重要,应通过多种渠道进行有效沟通;申长江等(2007)运用系统分析的方法对技术集成过程进行了探讨,认为技术集成各要素构成一个相互影响、相互制约的有机整体,可以将其过程划分为产品技术选择和设计、产品制造方案管理、商业模式设计和最终实现批量化生产四个阶段;王国权(2014)提出技术集成在实施过程中呈现革命式和渐进式两种形式,革命式技术集成可以加强组织和技术之间的融合和渗透,渐进式技术集成却减弱融合和渗透,两种方式通过一定路径相互转换,相辅相成;何春丽(2018)基于技术并购全过程视角,从对象识别与选择、财务风险规避策略形成、整合模式选择、知识转移策略制定、多维整合等环节讨论企业的技术并购及整合过程。国内外学者对于技术集成的过程管理及步骤的划分虽然略有不同,但都强调了在获取技术后的整合利用这一环节,突出集成的思想。

2.2　技术集成能力文献综述

2.2.1　技术集成能力内涵及结构的研究现状

本书主要对技术集成能力的作用机理以及演化提升展开研究,因此,先对技术集成能力的研究现状——主要从概念的界定、构成维度、作用效果、形成演化及驱动因素等方面进行综述。

2.2.1.1　技术集成能力的概念研究

虽然技术集成创新模式被广泛接受并应用,但不同企业实施技术集成所得成效各不相同,甚至差异很大,在对其原因的深入探究中,蕴含在集成创新过程中的技术集成能力理论被提出,并逐渐被学术界所重视。技术集成能力概念是建立在元件知识和建构知识的基础上的,伊恩斯蒂(2002)认为企业在产品开发过程中所需的知识不断更新,连接各领域知识的建构知识却很难随之改变,由于建构能力较低,无法支撑集成过程中系统间知识的转化,企业在技术选择时无法做出正确判断,导致技术集成失败。因此,伊恩斯蒂用"技术集成能力"来解释技术集成绩效，他提出技术集成能力是企业管理系统知识演进的能力，并将完成企业对技术的选择及重构、技术潜能和技术产出作为两个衡量产品特征的重要指标引入实证研究中，定量分析企业的集成能力。

在伊恩斯蒂提出技术集成能力之后，学者们逐渐意识到技术集成能力的重要性，不再仅仅将其作为技术集成过程中的内化能力而谈及，而是开始将技术集成能力视为企业能否有效完成技术集成工作的重要度量指标而展开研究。科古特等（Kogut et al.，1992）研究表明，技术集成能力是企业获取知识和运用现有知识的能力，该能力强调人员的沟通和知识的共享。斯宾（Spender，1996）认为集成能力是集成主体组合、配置资源的组织能力，其形成是以人力资本开发、转送、信息交换等为基础的。格兰特（Grant，1996）认为技术集成能力是组织能力的重要组成部分之一，可以用能力的整合效率、范围和弹性来衡量。德波尔（De Boer，1999）认为集成能力是一种蕴含在企业内部的能力，由系统化能力、协调能力和社会化能力构成。彼得罗尼（Petroni，2000）通过对医疗健康行业的新产品开发进行分析，认为获取外部知识形式的能力与弹性协调知识领域基础的能力为集成能力。史密斯等（Smith et al.，2005）提出技术集成能力是组合信息进行交换整合的能力。

随着技术集成在国内生产研发中的成功运用，国内学者也开始结合本土经验，对技术集成能力的概念属性作出了界定。王毅（2002）从内部结构进行分析，认为企业核心能力的本质在于集成，在结构上表现为集成能力，而企业集成能力是各种能力要素按照一定的关系连接而成的能力系统。刘广等（2005）对技术集成能力有过专门论述，他认为技术集成能力是企业主要的核心能力之一，是整合各种技术单元的知识与技能的集合。赵建华（2007）以装备制造业为例对企业技术集成能力进行探析，认为技术集成能力在集成过程的不同阶段表现不同，其本质是知识的产生、利用及维持，并指出技术集成能力可以有效地整合企业内外技术资源，为产品和服务提供创新来源。刘晓军（2009）认为，技术集成能力是企业对内外部资源进行有效整合的能力，与单项能力相比，技术集成能力的形成需要具有一定的成长要素，是在企业长期市场竞争中磨炼而成的。吴剑（2011）认为，技术集成能力是企业进行集成创新的源泉所在，是企业根据自己所掌握的技术和产品的市场信息引进外部成熟的技术，使各项分散的技术在产品中高度融合，开发出适合市场需求的新产品的能力。郭亮等（2013）认为，动态视角下的技术集成能力是指识别选择企业外部的技术知识，与企业现有技术基础加以整合并运用，以适应不断变化的市场环境，满足企业技术系统需求的一种动态能力，具体而言，技术集成能力是以技术学习能力为手段，对企业内外部技术资源评估、监测，不断强化技术系统的匹配能力，目的是使企业适应变化的市场环境，嵌套于企业独特的组织和管理流程中，开发出新产品、新工艺，形成企业独特的技术优势。以上总结了国内外学者对技术集成能力概念界定的主流观点，虽然不同学者都从各自的研究视角出发，对其属性及研究范围进行分析，但对技术集成能力决定集成效果已达成共识，且国内学者多从集成过程层面界定技术集成能力的内涵及特征，突出强调技术集成能力的作用及功能。

2.2.1.2 技术集成能力的构成研究

国内外学者在对技术集成能力展开研究时，很多都涉及到对其结构要素的探讨，由于出发点不同，国内外在能力构成要素上差异较大。

国外学者主要从内部和外部两个方面进行划分，伊恩斯蒂根据企业知识的来源与构成，提出技术集成由外部集成（external integration）和内部集成（internal integration）构成，外部集成主要指从外部进行知识的识别、选择和利用，内部集成主要指对不同范畴的知识进行系统化的构建和重组，而且外部集成与内部集成相互依赖、相互制约。德波尔等（1999）认为，系统化能力、社会化能力、合作化能力 3 个子能力共同构成了集成能力。哈德森（1994）将集成能力分为外部技术集成能力和内部技术集成能力两个维度。梅迪（Mehdi，2014）提出，企业的系统集成能力由动态和静态两方面组成，从产品开发过程看，静态系统集成能力指企业各要素为适应环境变化，构建产品框架，重组技术系统，调整技术能力范围，从而满足市场需求的能力。他认为，企业的静态系统能力和动态系统集成能力相辅相成，共同作用于企业的构成要素，帮助企业充分利用各种资源，从而获取长期竞争优势，提高创新能力。

国内学者对技术集成能力构成研究更为多元化，王毅（2002）认为，技术集成能力的培育应从增加研究开发投入水平、形成人才基础和以项目为依托 3 个方面展开。在此基础上，王毅又将复杂技术的集成能力分为 4 类，即部件整合能力、系统弱整合能力、系统自整合能力和系统强整合能力 4 种类型，它们共同作用于企业的技术链和价值链。刘广（2005）根据技术单元的性质，将技术集成能力划分为学科整合能力、单元技术集成能力、产品集成能力、产品子系统集成能力。其中，产品集成能力将关于各产品子系统和产品构架的相关知识、技术、技能融合到产品与产品子系统之中的能力。卢艳秋等（2007）

提出，技术集成能力包括 3 个层次的内容：对所在行业的先进技术进行模仿、整合的初级阶段；在引进先进技术的基础上，对先进技术进行局部创新的中级阶段；完全依靠企业自身的经济实力和技术能力，进行技术完全创新的高级阶段。赵建华（2007）提出，在产品概念构建、产品集成开发以及产品持续创新 3 个环节构成中，技术集成能力有不同的具体表现，产品概念构建阶段体现为建构能力，产品集成开发阶段体现为技术获取能力与技术集成能力，产品持续创新阶段体现为技术监测能力。肖玉兰等（2007）提出，培养企业技术集成能力主要应提升其技术系统整合能力、自主研发能力、外部技术购买力 3 个子能力，其中，技术系统整合能力由技术系统匹配度、技术系统冗余度两个指标构成。罗珉等（2009）总结归纳了国内外学者对集成能力构成要素的相关研究，指出集成能力是一种多维度的再配置资源的能力，是企业为了适应高速环境变化，通过各种不同输入条件以展示个体的适应与知识的转化，以此作用于企业的绩效与价值的能力，其构成要素应包括协调与整合能力、重组资源与社会资本的能力、保持战略弹性的能力、适应能力及知识的整合能力。郭亮等（2016）基于集成过程建立了技术集成能力结构模型，并设计了技术集成能力不同阶段特征的测量量表。卢艳秋等（2021）基于模块化理论和资源基础理论探究复杂产品创新情境下技术集成能力的内部结构，提出技术集成能力由产品建构能力、资源识取能力、技术融合能力构成。从以上学者的研究中可以发现，相对于国外学者的划分单一，国内学者基于自身视角对技术集成能力的构成维度进行划分，研究结果十分零散，且理论依据不足，导致要素结构缺乏系统性和全面性。

2.2.2 技术集成能力对集成创新作用的研究现状

学术界一致认为创新绩效受到多维因素的影响，从而导致企业的创新效果有很大差异。技术创新的方式一般有两种：产品创新和工艺创新。产品创新主要体现在具有物质形态的产品上，侧重于活动的结果；工艺创新主要体现在各种生产力要素的结合方式上，侧重于活动的过程。

虽然国内外学者对技术集成能力构成的分歧较大，但并不影响他们从各个角度开展技术集成能力与创新绩效的实证研究。维罗纳（Veoma，1999）的研究表明，内部集成能力、外部集成能力、技术能力、营销能力对产品创新和工艺创新效率均具有显著的影响。詹姆士（James，2000）分析了系统集成能力对复杂产品系统创新的影响，指出系统集成能力可以提升产品创新绩效。范忠宏（2008）在研究技术集成过程中知识黏性与创新绩效的关系中指出，知识黏性是知识转移过程中体现出的重要因素，受到知识能力、知识来源品质及与预期目标融合等方面的影响。田丹等（2009）通过对装备产品特征及性能展开分析，认为系统集成能力有助于企业从产品系统层次进行技术学习活动，在集成的整个过程中进行产品的概念设计、技术选择和整合创新，并通过实证分析验证了外部技术获取宽度有助于提高集成创新绩效。刘帮成（2009）以我国某重点企业零配件公司与国外公司技术合作为研究对象，通过分析得出技术集成机制及整合能力是影响技术合作效果的重要因素，企业获取竞争优势的来源不是技术或知识本身，而是技术和知识的集成能力。金真勇（Yong Jin Kim，2012）通过对健康医疗产业的新产品开发活动进行个案分析，认为在创新过程中需要客户和供应商的共同参与，且时间是影响产品绩效的重要因素，他还指出，技术集成能力可以增加企业绩效。

一些学者强调技术集成能力在帮助企业实现集成创新的同时，还在一定程度上加快了企业的技术跨越。黄燕（2007）强调较高的技术集成能力和良好的技术基础是企业整合创新要素，实现技术跨越的前提条件。罗珉等（2009）认为，企业想要有效地管理全球化经营、发展产品定制化与快速响应市场，除了需要强化内部跨职能活动的协调外，更需要加强组织间的关系以及跨组织间功能活动的协调与发展，并指出跨域组织边界沟通协调的集成能力可以是企业获取外部来源的知识和技术的重要途径，这种集成能力会创造企业的竞争优势，使企业发生跳跃式发展，实现技术跨越。朱建忠（2009）认为，技术集成是在原有技术的基础上进行创新，其内在能力是直接动力，企业通过培育技术集成能力，抢先占领行业市场，形成集成竞争优势，突破以往技术水平的束缚，实现技术跨越式发展。

近年来，学者们开始从多维角度探究集成能力与创新绩效间的关系，并且更为深入地考虑间接及调节性作用问题。田丹（2009）在研究外部技术与装备产品集成创新绩效的关系时指出，系统集成能力在外部技术获取与集成创新绩效之间发挥了部分中介作用，外部技术获取通过促进系统集成能力的发展，间接提高了集成创新绩效。李坤（2010）在研究装备产品中的技术开发与再利用时提出，项目技术基础在外部技术整合、内部技术整合、用户参与程度与集成创新绩效间的关系中起到调节作用。游博等（2016）在研究技术集成能力对模块增量式、突变式创新绩效的影响以及模块可降解性、市场互补资产与人力互补资产的调节效应中指出，技术集成能力有助于提升创新绩效，且模块可降解性、市场互补资产以及人力互补资产在两类创新实现路径上皆存在显著正向调节效应。威奇特瓦塔坎（Wichitsathian，2019）研究认为，现有技术基础和 R&D 的努力程度都将影响企业的吸收能力，因此，企业应加大对研发的投入，促进对引进技术的吸收能力，从而使企业更好利用集成后的技术，提升企业创新绩效。卢艳秋等（2021）从复杂产品核心企业视角切入，探讨技术集成能力对创新绩效的影响机制，研究表明系统层面产品建构能力对创新绩效有显著影响，产品建构能力对技术融合能力也起到正向作用。虽然关于技术集成能力对企业绩效以及创新绩效影响的研究成果较多，但由于技术集成能力构成维度的零散，其对集成创新作用方面分析缺乏系统性，尤其是在间接和调节作用上多为规范性的理论探讨，实证研究仍处于初级阶段。

2.2.3 技术集成能力演化的研究现状

有关技术集成能力的来源研究是技术集成领域的一个重要分支。但由于技术集成能力的形成具有不确定性，对该能力演化方面的研究成果比较零散。

赫尔法特（Helfat，2003）首次提出了动态资源基础观，为了揭示组织能力的发展演化过程，他们将生命周期引入组织能力分析中，描述在各阶段能力的成长特点。异质性是构建资源基础观的重要基础，但在以往传统的资源理论中，对异质性理解得不够深入，缺乏一个较为系统、清晰的概念模型对能力异质性的发展过程进行全面解释。赫尔法特认为，能力的生命周期包括几个阶段：能力组建阶段，为能力的发展演化提供基础准备；能力发展阶段，也是能力逐步积累的过程；能力成熟阶段，是指能力增加到一定程度，停止积累的阶段；衰退或结束阶段，是指一旦能力达到成熟阶段，会走向不同的发展结局，这些分支阶段也有可能同时发生，并且能力生命周期每一阶段的能力及其影响要素都会作用于后续阶段能力的发展演化。何琳（2013）以汽车产业为背景，研究了企业外部技术整合能力的演化过程和机理，认为组织内部资源要素状态的调整、外部环境的改变以及随机涨落的诱发是技术整合能力增长的主要动因。因此，企业选择不同的路径进行资源和惯例演化，导致企业形成不同的能力水平和技术优势，并指出企业内部动力机制、学习机制和管控机制是企业外部技术整合能力演化的保障机制，在此作用下，企业的技术载体整合能力、技术知识整合能力和研发惯例整合能力不断得到提升。郑浩等（2015）应用协调理论分析发现，企业成长能力受到企业的有序结构影响，是由少数几个缓慢增加的模型（或变量）决定的，通过这几个慢变量即可对系统的演化做出描述，对其子能力起支配作用的同时，驱使各子能力的运动和演化，进而达到自身的演化。郭亮等（2019）指出，技术集成能力基因通过复制、变异和重组的一系列进化过程，实现要素匹配和功能优化，完成能力的适应性演化。

技术集成能力是一种动态发展的能力，因此具有动态能力的演化特征，可以参考动态能力的演化研究。艾森哈特（Eisenhardt，2000）打开了路径依赖的"黑箱"，揭示学习机制是动态能力演化的主导机制，他们强调，动态能力的发展演化主要受到学习机制的影响，其演化轨迹会按着某条独特的路径发展进行，此外，动态能力的演化也依赖于市场的动态性。佐洛（Zollo，2002）认为，深度学习与动态能力的演化之间有着紧密的联系，指出相对被动的经验性学习过程和相对深度的认知性学习过程有着各自不同的演化方式和演化宗旨，前者主要体现为对企业职能的组建和运营，后者主要体现为对惯例的开发和维护。佐特（Zott，2003）认为动态能力是惯例性的组织流程，动态能力机制由变异、选择和保留3个阶段构成，在特定的时间内每个企业通过模仿、试验等方式组织流程进行变异、选择和保留，以形成一个特定的资源构架。王翔（2006）基于共同演化的思想，构建了能力演化"内容、情境、过程"三维分析模型，全面解释了动态能力的演化机理，他们认为，企业动态能力的演化涉及企业内部各构成要素与企业外部环境的相互作用，其中能力演化的本质是内外部知觉、内外部反应的知识链的循环演化，内外环境由4种推进机制共同决定，演化过程则是一个探索与利用间的悖论化解方案，3种维度之间相互作用，相互影响能力演化运行机理，并强调在能力演化过程中，作为演化行为主体管理者的重要性。苏敬勤（2013）通过国家重点大型企业大连机车1986～2010年的纵向案例研究考察了影响复杂产品系统创新的3个动态能力维度在创新国际化三阶段过程中的变化，研究发现动态能力演化过程伴随着企业的发展与成长呈递增状态。陈衍泰等（2022）从资源编排视角，采用纵向案例研究法，探讨制造企业在数字化转型中动态能力的演化问题，构建了"间断—连续"的非线性动态演化模型，研究发现，在数字从属、数字匹配与数字驱动构成的数字化转型三阶段中，动态能力借助资源编排行动，从数字重组、数字捕获与数字感知3个维度逆向递进推动企业数据驱动动态能力的自主性构建，同时，技术动荡性会触发资源编排行动与数据驱动动态能力生成的演化间断，内化关键资源是实现数据驱动动态能力"间断—连续"跃迁的核心所在。

2.2.4 技术集成能力影响因素的研究现状

关于技术集成能力驱动因素的研究并不多见，相关研究主要集中在 R&D 投入、政府支持影响等方面。

R&D 投入方面，舍雷尔（Scherer，1963）最早研究了企业 R&D 投入对产业创新绩效的影响，发现企业 R&D 投入对产业创新绩效有显著的正效应。郭国峰等（2007）研究显示，人力资本（主要是高科技人才）是技术创新的源泉，制度创新能够极大优化科技资源配置，提高技术产出效率。吴献金等（2010）发现，研发人员数量对泛珠三角区域自主创新能力有显著的促进效应，但 R&D 经费的作用并不显著。李廉水等（2015）则采用改进的知识生产函数的柯布—道格拉斯形式分析，发现我国创新经费投入对制造业创新能力提高具有驱动作用，但创新人员投入对创新能力存在抑制作用。武柏宇等（2016）的实证研究结果表明，技术密集型制造业 R&D 人员的质量比 R&D 人员的数量对集成创新水平影响更大。卫平等（2020）研究表明，我国高新技术企业的创新能力主要受创新投入、创新战略、创新模式和企业规模的影响。

政策支持影响方面，张海洋（2008）认为，政府补贴对我国工业创新能力的提高没有显著影响。冯宗宪等（2011）认为，政府支持的资金通常缺乏有效使用，导致对创新效率产生负面影响。樊琦等（2011）认为，创新活动需要政府的扶持，政府投入资金对创新活动加以引导，有利于提高创新效率。李苗苗等（2014）则认为，财政政策与战略性新兴产业企业创新能力的关系是非线性的。白俊红（2016）认为，政府 R&D 资助是我国工业企业集成创新的重要促进因素。此外也有一些观点则相反，吴波虹（2021）研究指出，如果政府对高新技术企业同时使用财政补贴和税收优惠，就更容易促进企业研发经费投入、研发人员投入及企业专利产出，相比于低盈利企业，高盈利企业中财政补贴和税收优惠对企业研发经费投入和企业专利产出的影响更大，但不能促进研发人员投入。

此外，一些学者也从各自观点出发对集成能力驱动因素进行了探讨。王娟茹等（2010）研究认为，信任、学习能力、共享能力和吸收能力均对复杂产品研发团队知识集成能力有显著的正向影响。周芳（2014）利用江苏省高新技术企业的微观调研数据对创新驱动力的影响因素进行了实证分析，发现战略因素不仅是高新技术企业发展的动因，而且是创新的关键影响因素；李宇等

（2017）探讨了企业家精神对大企业创新发展的影响。杜楠等（2018）在对影响科技型中小企业技术创新驱动内在机理研究的基础上，提出外部因素对科技型中小企业技术创新具有引领和影响作用，企业文化、企业家精神、组织建设等内部因素对科技型中小企业的技术创新具有决定性意义。周泽炯等（2019）基于知识生产函数和市场需求、政府补贴及技术对企业创新的交互作用模型，从理论上分析战略性新兴产业自主创新能力的内部驱动因素和外部驱动因素，结果显示，研发人员、研发资金投入和市场需求对自主创新能力具有显著的促进作用，而政府补贴的促进作用不明显。张琦英（2020）在分析科技型中小企业创新能力提升的内部和外部驱动因素基础上，剖析了制约我国科技型中小企业创新能力提升的瓶颈，从而提出科技型中小企业创新能力提升的具体路径。

2.3 研究评述

经过对国内外相关研究的回顾发现，虽然国内外学者对企业技能集成及其能力理论展开了大量研究，也取得了较为丰厚的研究成果，为本书提供了一定的理论基础，但通过对文献的梳理，发现尽管理论界和实业界已经认识到技术集成能力对自主创新乃至技术跨越的关键性和重要性，可能缺乏针对企业技术集成能力对集成创新的作用机理，以及技术集成能力的演化机制、提升路径等方面的具体研究和实证研究，导致该理论的系统性不足。主要存在以下问题：

2.3.1 技术集成能力的构成维度

作为集成创新的源泉及重要组成部分，很多研究都涉及对技术集成能力结构要素的探讨，但相关研究仍然存在一定不足：

（1）对企业技术集成能力构成的研究缺乏系统性和全面性，只强调技术集成能力的某些内容，缺乏从内部构成要素的整体性划分维度，甚至一些学者在缺乏明确的依据下对维度进行划分，造成了研究统一性的破坏与混乱。

（2）为使技术集成能力在实际研究中更加具备可行性，学者们依据自身需求划分技术集成能力维度，虽然这些分类在理论上不失为一种划分维度的视角，但是往往忽略了技术集成能力自身的固有特征、内部要素构成及组织的技术管理等重要因素。

（3）技术集成能力的测度作为该领域的重要基础研究，有助于进一步明确企业技术集成能力的内涵，验证学者关于技术集成能力的观点与争议，指导企业有效实施技术集成，而当前针对这方面的研究较少，缺乏有关测量工具及量表开发的具体研究，更缺少大规模定量数据的验证，这在一定程度上限制了该领域进一步的理论发展与实践应用。

2.3.2　技术集成能力的作用机理

学者们虽然普遍认可企业技术集成能力对创新绩效有所影响，但大多数研究仅将技术集成能力作为集成创新能力的构成之一，并没有深入探讨技术集成能力对集成创新的作用机理，因此在某些具体问题分析上存在一定不足：首先，由于构成维度的单一性和混乱性，以往对技术集成能力作用机理的分析不够深入，无法了解技术集成能力对集成创新的作用程度；其次，技术集成能力的各构成要素不是孤立存在的，彼此间具有某种联系，但现有研究缺乏对其内在结构关系的深入挖掘，无法洞察技术集成能力成长的作用路径及作用程度，阻碍了企业技术集成能力的优化和提升；最后，虽然学者们已经开始探讨技术集成能力对集成创新的间接及调节作用，但大多还是从技术基础、外部技术获取等技术层面展开讨论，忽略了组织在创新行为中的重要性，导致组织结构和组织制度无法与技术环境和技术需求相匹配。因此，迫切需要从技术集成能力的结构出发，构建一个边界更广、条理更清晰的研究框架，以探讨技术集成能力的作用机理，量化技术集成能力对集成创新的直接作用及间接作用程度。

2.3.3　技术集成能力的演化及评价

虽然技术集成能力演化一直是集成创新理论的研究重点，但由于概念的抽象性，技术集成能力的形成演化具有一定的不可操作性，研究文献非常零碎。近年来，有一些学者尝试着从不同角度分析技术集成能力的演化，但大多是针对演化的某种层次展开研究，缺乏系统性分析，结论也过于泛化，对企业的实际操作不能起到指导作用，即使有一些学者对技术集成能力的演化过程和演化机制进行探讨，但也主要集中于演化的内容方面，缺乏对演化保障机制及内在动因的探讨。事实上，企业技术集成能力的演化过程异常复杂，企业所面临的技术环境、市场环境、资源规模、基础设施、组织形式、实施主体本身的特征等因素都会对技术集成能力的演化产生程度不同的影响，因此，对技术集成能力的演化过程及演化机制有待进一步研究。

在评价方面，从现有文献看，多数研究将技术集成能力作为衡量集成创新能力构成要素之一，并没有针对技术集成能力形成一套系统综合的评价指标体系，缺乏一个被普遍接受、科学客观的评价标准，使企业无法在同行业中了解自身集成能力的现状，更不便于指导企业查找不足。同时，企业调整和提升自身技术集成能力以应对快速变化的外部环境的效果如何，仍需深入研究实用性和适用性较强的评价方法。在影响因素方面，技术集成能力的形成发展受到诸多因素影响，但由于理论视角和技术方法的制约，无法明确能力形成发展的关键驱动因素，导致其陷入成长"黑箱"，不利于技术集成能力的培育和提升。

综上所述，技术集成是促进新旧技术融合、内外技术重新组合的一种新的技术管理范式，其内化能力则是通过获取和利用企业内部资源，从而创造企业价值的能力，是保障技术集成得以有效实施的重要手段，因此，对企业技术集成能力的研究具有很强的现实意义。通过对文献的评述归纳，可得知虽然学者们对技术集成过程及其能力展开了大量研究，但对其结构体系、作用机理、演化评价及提升路径方面还有很多亟待解决的问题，因此，本书将针对技术集成能力展开系统化研究，规范企业集成化创新管理，优化集成创新过程，建立系统、完善的技术集成能力理论。

2.4 本 章 小 结

本章先对技术集成的产生发展、作用效果及过程管理进行了文献梳理，在此基础上对技术集成能力的内涵本质、结构要素、作用机理、演化评价、影响因素等方面的相关文献进行了总结和评述，为本书的开展奠定了理论基础。

第 3 章

技术集成能力对集成创新作用机理的分析框架

对企业技术集成能力内涵及构成维度的全面认识与合理划分是分析技术集成能力对创新作用机理及演化的重要前提。本章在回顾技术集成相关概念的基础上，阐述了技术集成能力的内涵及特征，从要素结构出发划分了技术集成能力的构成维度，建立了技术集成能力对集成创新作用机理的分析框架。

3.1 技术集成能力的内涵

3.1.1 技术集成的内涵及特征

近年来，通过学者们的不断深入研究，技术集成理论无论在概念、流程，还是在要素、机理方面都有着较为突出的成绩。虽然学者们对技术集成有各自不同的意见，但随着技术集成在企业认知和改制实践中被广泛应用，这一新的技术管理范式也逐渐被赋予越来越丰富的内涵。

关于技术集成的内涵，国外学者的研究大多是基于对高技术企业的技术管理和生产组织方式的研究提出的，以伊恩斯蒂、克拉克等为代表，他们认为技术集成的诞生不是某些人的力量，而是一个有效组织过程的结果，其知识来源于大学和工业实验室的基础研究，与美国工业 R&D 基础结构和社会文化有密切的关系，该模式之所以成功，关键在于自产品概念开发阶段起便强调在开阔的技术视野基础上，对技术有效地选择和重组，使各要素相互匹配，实现企业的集成利用。因此，伊恩斯蒂将技术集成界定为对新产品及其工艺所采用的一系列的技术评价、选择和提炼的方法。伊恩斯蒂对技术集成的定义得到国内外学者的认可，伊恩斯蒂指出，一个完整的产品概念不是简单依靠几个科学家的知识和一些新奇的想法就可以实现的，而是一个有效组织过程的结果，需要系统化的知识创造和应用。在此基础上，伊恩斯蒂提出了技术集成产品开发的三阶段模式，即"技术研究—技术集成—实物开发"，如图 3 - 1 所示，其与传统的研发模式的本质区别是通过集成的方式将研发活动连接起来，从时间上来看，这三个阶段相互重叠、同时进行，前两个阶段主要是对产品概念的构建过程，后一个阶段是对构建后的产品概念的修改及完善，推出实物的过程。

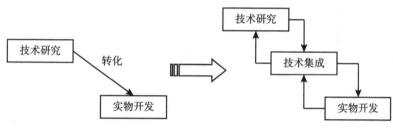

图 3 - 1　从传统研发到技术集成模式

技术集成是一种新的技术管理范式，其区别在于基础研究驱动的产品开发模式，是以产品高技术水平为目标，以产品及工艺创新为驱动的研发模式。技术集成是通过解决技术资源与实际应用之间的脱节，即根据市场需求制定产品标准和性能，在符合需求的产品与庞大的技术资源之间通过创造性的匹配，使企业以最快的速度开发出更具有竞争力的产品和工艺，提高企业的综合竞争力。技术集成具有以下特征：

（1）主体行为性。技术集成的主要实施对象分两类，一类是实施主体在自身演化中形成的一种程序化过程，如组织的构建设计及重构，战略联盟的形成、部门的整合等，这些都属于实体的集成；另一类是负载在实施主体上的实质性内容，如技术、知识、能力、观念等方面的融合，这也是集成的精髓所在。只有将资源要素进行整合和优化，才能真正地实现集成创新。本书所研究的技术集成实施主体是企业，企业在集成过程中具有明显的主动性意识行为，集成主体通过技术集成实现其满足市场需求的目的。

（2）创新性。从管理学的视角出发，集成是一种创造性的融合过程，目的在于将现有要素重构性地组合在一起，完成单个要素所不能实现的效用最大化。技术集成是集成主体采用系统工程的理论与方法，通过对现有技术与知识的应用来有效获取竞争优势，从而使整体功能发生质的跃变，实现主体的创新。技术集成的概念中除了含有整合、优化各要素之外，更重要的就是其演进和创新的含义。

（3）知识基础性。技术集成需要研究基础的支持和保障。技术革新所带来的对企业的挑战，其本质是对知识的整合及匹配。企业通过将外部技术资源与企业内部知识基础有效融合，实现知识在组织内的转移，完成知识共享，培养企业核心竞争力。因此，集成主体在实施技术集成时不仅应关注基础研究，还应重视学习能力的提升及知识的有效利用，通过与其他创新主体合作增加产品技术实现的可能性。

（4）资源互补性。以能源观的角度看，企业就是由各种各样的资源所构成的有机体，这些资源潜在或实际地影响企业价值的创造。技术集成的实质就是资源整合，是企业对不同来源、不同层次、不同结构、不同内容的资源进行选择、评估、配置、利用和重构等的一系列程序，使各种资源有效匹配，具有较强的系统性和价值性，形成新的核心资源体系。技术集成的互补性结构要求企业不是简单的要素间的融合，而是结合企业自身的条件和发展战略，摒弃重复、无价值的资源，对原有产品体系进行要素间的有机结合与相互作用，缩短研发时间，实现技术资源的积累与转移，使企业不断完成价值增值。

综上所述，技术集成是一种新的技术管理和生产组织方式，其发展形成是以知识为基础的资源整合过程。经过不断的理论探索与大量的实践验证，无论是理论界还是实业界都已经认识到技术集成是实现创新的重要模式之一。与原始创新以技术为突破口不同，技术集成是以市场为出发点，强调所用技术的融合性，并非要求最新、最高精尖技术，所要解决的是技术资源与市场需求间的匹配。因此，技术集成强调通过对各项技术知识的系统分析和透彻理解，构建产品体系，完成产品研发及工艺设计，实现集成创新，提升企业综合竞争优势。技术集成往往比许多单项创新能更好地解决实际问题，满足社会需求，帮助企业实现产品系统层次上的技术能力跃迁。

3.1.2　技术集成能力的界定

3.1.2.1　技术集成能力的研究视角

伊恩斯蒂（1990）指出，领域知识和系统知识的匹配是企业实现产品创新的前提条件。相比于领域知识的需求不断增加及高速更新，连接各领域知识的系统知识却变化不大，无法与领域知识相匹配，导致组织作出了不正确的技术选择决定，解决这种问题的关键就是企业的技术集成能力。

在伊恩斯蒂研究的基础上，后续学者对其相关理论展开了大量研究，并逐步认识到技术集成能力是企业成长的关键能力之一。通过对相关文献进行梳理发现，对技术集成能力的研究主要存在 3 种视角，如表 3 - 1 所示。①知识视角。伊恩斯蒂提出，知识系统是技术集成相关理论的关键构成基础，以知识为视角的创新理论是技术集成概念体系的主要基础；认为技术集成能力建立在建构知识、系统知识等概念的基础上，完成对知识的选择与重构。自伊恩斯蒂后，先后有彼得罗尼、张米尔、杨阿猛、赵建华等学者从知识视角对技术集成能力展开研究。②能力视角。一些学者指出，技术集成能力是企业的内化能力，它不但是组织的基本职能，也是组织能力的关键组成部分，是技术集成能力的重要组成部分，是吸收所交换的信息并加以组合的能力。③过程视角。斯宾、朱建忠、陈琳等学者从集成过程出发，认为技术集成能力的形成是一个动态的过程，其能力所处的每个阶段都有不同的能力表现特征。

表 3 - 1　　　　　　　　　　技术集成能力的研究视角

研究视角	代表学者	理论观点
知识视角	伊恩斯蒂	技术集成能力是企业管理系统知识演进的能力，它建立在建构知识、系统知识等概念的基础上，完成对知识的选择和重构
	彼得罗尼	获得新外部知识形式的能力与弹性地协调每个领域知识基础的能力为一种集成能力
	张米尔、杨阿猛	技术集成能力的本质是知识的产生、应用及维持
	赵建华	技术集成能力是企业通过评估各种技术选项内含的领域知识，通过产品建构和技术选择，整合企业内外技术资源，提供产品和服务的系统知识

研究视角	代表学者	理论观点
能力视角	格兰特	技术集成本身就是一种能力，它不但是组织的基本职能，也是组织能力的关键组成部分
	德波尔	技术集成能力是一种蕴含在企业内部的能力，可以提升企业工作效率
	史密斯	技术集成能力是吸收所交换的信息并加以组合的能力，是知识创造力的重要组成部分
	刘晓军	集成能力是一个企业能够有效整合内外部资源的能力，与单项能力如研发能力、制造能力或营销能力相比，集成能力的要求更高，需要在市场竞争中长期磨炼才能形成
	王毅	复杂技术创新中的整合能力是企业配置内外部知识资源、满足用户需求变化、持续提供解决方案的能力
过程视角	斯宾	集成能力的形成是企业进行资源获取、评价、吸收、扩散的过程
	朱建忠	技术集成能力是指内含于技术集成过程，支持技术集成有效实现的综合能力
	陈琳	技术集成能力是企业将外部技术知识和已有的技术综合起来加以整合利用，开发出适合市场需求的产品的能力
	吴剑	技术集成能力是企业根据自己掌握的技术和产品的市场信息，引进外部的成熟技术，使各项分散的技术在产品中高度融合，开发出适合市场需求的新产品的能力

无论是从哪个视角，学者们统一认可的是：技术集成能力是组织内部的一种特殊能力，这种能力蕴藏在技术集成过程中，支持技术集成的有效完成。

3.1.2.2 动态视角下的技术集成能力

企业获取长期竞争优势不仅来源于所拥有的机器、设备的规模大小，更为重要的是其对资源和能力的转化与整合。在所面临的市场环境呈非连续变化特征时，核心刚性会导致企业在技术集成中无法及时有效地适应环境变化，从而丧失竞争优势。提斯（Teece，1994）提出的动态能力理论从一个崭新的角度探索技术集成能力。他认为，动态能力是集成、建立和再配置内外部资源和能力的能力，其中，"动态"强调为随环境变化而不断调整、更新企业的能力，"能力"强调将内部和外部资源有效利用和整合的能力，从而使企业与环境发展相适应。一个具有动态能力的企业会优于其他竞争对手，从而更有效地获取、整合外部知识，在企业自身消化吸收的基础上产生创新概念，并在此基础上，利用内部整合提高新产品商品化的执行效率，更快地开发新产品新工艺。佐洛（2002）对其内涵作了进一步的解释，分析了学习机制与动态能力演化之间的关系，将动态能力定义为一个学习的和稳定的集体行为模式，通过这种模式组织系统产生和修正已有的运营惯例来提高效率。赫尔法特等（Helfat et al.，2004）基于既有文献，指出动态能力是企业有目的地创造、扩张或调整其资源的潜能。大量的学者从不同观点出发对动态能力的概念进行了诠释，即动态能力理论是指导企业识别市场机会，合理配置资源，提升创新能力的有效手段。

更为关键的是，一些学者着重指出，集成能力与动态能力有着密不可分的关系。艾森哈特（2000）就明确提出，动态能力的概念与科古特（1992）的"组合能力"是类似的，与哈德森（1994）、科克本（Cockburn，1994）的"构建能力"也是十分接近的。他们认为，动态能力是一种集成、重整、取得与释放资源的流程，以达成组织资源的重新调整，进而配合或创造市场变动。而伊恩斯蒂正是基于构建知识、构建能力提出技术集成能力。丹尼尔和威尔逊（Daniel & Wilson，2003）认为，从技术视角来看，动态能力可以说是一种技术集成能力，这种能力着重于将组织中存在的各种知识加以传递并互相结合。另外一些学者在探讨动态能力概念时就直接将集成能力或集成流程列为动态能力的构成要素之一。

技术集成本身就是一种动态的过程，其根据市场需求提出产品构架，选择性地吸收外部适合的技术源，与企业原有技术进行整合，调整自身的技术能力范围，实现集成创新并以此获得持久的创新能力。因此，从动态视角出发研究技术集成能力可以更好揭示其能力特征，将技术集成能力从各种难以琢磨的技术资源、能力、过程或惯例转变为获取、创造和整合内外技术这一动态演化能力，显著地提高了可观测性和可操作性，而知识视角、能力视角、过程视角的相应观点可以为动态视角下的企业技术集成能力分析框架的拓展和完善提供有力的支撑和补充。

企业技术集成的实施离不开技术集成能力的支持，技术集成过程中企业内外部要素的变化不断影响集成能力的发展演化。如图 3-2 所示，在动态环境下，企业内外部技术资源不断进行整合，集成化创新在技术集成能力的支持下展开；随着技术集成流程不断优化、产品构建逐渐完善，集成效果显著性不断提升，组织内各要素也会随之变化，技术集成能力在这个过程中得以释放和实现。

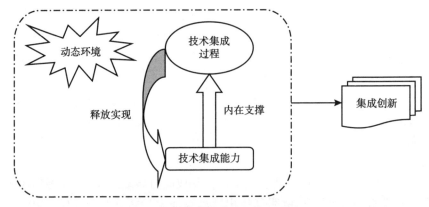

图 3 - 2　动态环境中的技术集成能力

基于以上分析，我们有必要进一步对技术集成能力重新定位。技术创新的实现离不开技术资源的整合，从新创意的产生到实施，技术集成贯穿整个技术创新过程，因此技术集成能力是从一种更深层次、更微观、更基础的技术资源整合角度来解释企业技术创新能力差异的问题。企业需要在面临众多技术选项时，寻求既满足其产品特性，同时又与自身技术基础相匹配的技术资源，而技术集成能力正是通过集成主体将内外部所拥有的技术资源充分发挥和调动起来，以有限的整合达到最大的效用。

因此，本书从企业层面进行概念界定，认为技术集成能力是嵌入在企业组织独特的组织惯例中，识别选择企业外部的技术知识，并与企业现有技术基础加以整合并运用，以适应不断变化的市场环境，满足企业技术系统需求的一种动态能力，其能力高低将直接影响技术集成的实施效果。这种内化于技术集成过程的能力是以技术学习为手段，通过对企业内外部技术资源的评估和监测，不断强化技术系统性能的整合能力，目的是使企业适应变化的市场环境，嵌套于企业独特的组织和管理流程中，开发出新产品、新工艺，形成企业独特的技术优势。技术集成能力概念具体包括以下 3 层含义：

（1）技术集成能力是集成创新的源泉。集成创新由多种结构要素组成，与其他要素相比，例如知识、战略、组织、管理等，技术是资源整合的核心和关键。技术集成能力为集成创新提供技术平台支持，体现在对各种技术知识的应用和实践，以及技术要素的匹配耦合上，因此决定集成创新的成败。

（2）技术集成能力的作用是培养和提升创新能力。企业可以通过对技集成能力的培养突破技术创新中所遇到的瓶颈，探索技术集成及其能力形成的内在规律，完善集成创新理论，也有助于我国企业实现产品在系统层次上技术能力的跃迁，从而提升企业创新能力，实现技术跨越式发展，缩小与国际先进水平的差距，逐步走向产品技术的独立。

（3）技术集成能力的关键是适应外部环境的变化。在技术集成实施过程中，企业所面临的外部环境是不断变化的，已有的核心刚性会导致企业无法及时适应环境的变化。技术集成能力将内外部技术资源进行有效配置和整合，使企业动态的环境保持一致，从而满足市场需求，获取持续的竞争优势。

3.1.3　技术集成能力的特征

技术集成能力是提供并支撑技术集成行为的原动力，是在掌握一定技术"深度"基础上对技术"广度"开发的一种特殊能力，其高低将直接影响集成绩效的水平。技术集成能力具有一些明显特征，很难在一时之间被模仿甚至复制，因而企业一旦拥有这种能力，将帮助企业获取持续的竞争优势，实现集成创新。根据对技术集成能力内涵的解析，本书认为技术集成能力是一种特殊的动态动力，具有以下特征：

（1）抽象性。技术集成能力是一个较为抽象的概念，其渗透于组织的惯例中，是导致企业在集成实践中产生效果差异的重要原因。技术集成能力是无法在现实中找到对应物加以联想的，是一种开拓、更新企业能力的能力，能够解释看似微小的技术变化，是对企业的竞争能力产生巨大影响的因由。从概念上看，它比一般能力更为抽象。因此，对技术集成能力的运用应先从其内涵本质出发，抽取其共同、本质的特征，舍弃非本质的特征，将这些特征与企业要素和活动加以联系，使抽象概念具体化，转化为更好理解的思想和行为，更好地运用到企业的经验管理中。

（2）动态性。动态性体现在技术集成能力是技术集成实现的内在动力，它贯穿技术集成的全过程，从新创意的产生到实现，都离不开对技术资源的配置，即如何以一种有效的能力把主体所拥有的技术资源充分发挥和调动起来，通过有限的组合达到最大的效果。现阶段工业产品多为技术含量高、集成度高的大型产品，在产品的设计与开发以及整个集成过程中都应保持高度的灵活性，这就需要企业组织具有有效、动态配置各种资源的能力，通过不断地培育、开发、运用、维护和扬弃，修正已有的运营惯例使之与市场环境变化保持一致，使依附于集成主体的技术集成能力成为真正意义上的动态能力，从而使企业获取持续的竞争力。

（3）累加性。由于产品的技术复杂性及其支持系统的元件性特点，技术集成在产品开发和生产流程中不断反复，其集成过程往往并不是按照线性规律依次进行的，而是会出现"短路"现象，每一次集成都会为新一轮的集成提供能量储备和再创新基础。企业能够凭借在上一循环中积累的经验和能力，从更高的角度来审视企业的内外部环境，为企业的战略选择提供最适合的资源。内化于集成过程中的技术集成能力在这种反复循环中不断蓄势累积、持续螺旋上升，当累积到一定时就会实现整体跃迁到另一平台，进入高一阶梯的能力层面。

（4）系统性。技术集成所覆盖的技术领域广泛，以多个职能部门间到多个企业间联盟，纵向和横向相结合的贯穿方式，真正实现了企业内部技术共享及优势互补。由于产品的系统化要求越来越高，所需技术种类繁多，大多产品需要大量不同技术领域、不同行业之间的交叉融合，是一个复杂的有机整体，因此，企业的技术集成能力与单项能力如研发能力、生产能力相比，要求各分支技术能够相互匹配、系统整合，强化其技术关联性及技术互补性。集成主体主动与外部环境进行资源互换，在资源融合的基础上进行技术资源的整合及技术构架更新，完成企业整体性能的系统性提升。

3.1.4 技术集成能力与相关概念解析

任何一个理论体系都应有自己的研究边界和核心问题，对于技术集成能力而言亦是如此。随着对技术集成能力理论的研究不断深入，技术集成能力与其他的一些理论在概念界定和研究内容上存在一定的重合，如不能加以区分，会造成研究概念上的混淆和内容上的交集。

3.1.4.1 技术集成能力与知识集成能力

与技术集成相类似的概念是知识集成（knowledge integration），是由哈德森（1990）基于元件知识和构建知识的基础上提出的，他们认为知识集成是在特定的解决方案中产生建构知识，并形成建构能力的过程。英克潘（Inkpen，1996）在此基础上指出，知识集成是个人与组织间通过各种关系促进知识的交流与分享，促使知识进行转变。在知识集成理论研究的深入探索和不断完善中，格兰特（1991）把知识看作企业唯一的资源投入，将知识集成能力界定为通过知识转化和转移的方法，将知识扩散到组织中，成为组织成员利用和重构知识系统的能力。科古特（1992）在研究中指出，知识集成能力是企业综合运用和整合知识的能力，其集成工具除了硬件支持外，还需人员间的沟通和交流，以及团队共享知识的学习，最终实现知识的转化并将其传播到组织所有成员中。

国内学者方面，王娟茹等（2004）认为，知识集成能力是在内化于知识管理过程中，用以整合、利用现存知识和识别、获取外部知识的动态能力。谢洪明等（2008）认为，社会化能力和合作能力是知识集成能力的主要组成因素。陈静（2010）从过程视角出发，提出知识集成能力是一种组织能力，其有利于不同形态知识的融合，也有利于组织内知识的共享，帮助企业更好地适应环境变化。张小娣等（2011）在研究知识集成能力测量中从企业内外两部分展开分析，企业内部是对知识的提炼和共享，外部是对知识的获取和吸收，将个体知识转化为组织知识并加以利用，产生新知识的能力。裘江南（2011）提出了外部隐性知识集成模式，并指出对装备制造企业而言，组织知识的集成能力是企业知识异质性的源泉。佟泽华等（2013）提出，知识集成能力是一种将相关的、分散的、单一的知识，利用合理的方法进行知识集成、整合、重构，以产生和创造新的知识，并为企业发展战略获得竞争优势而服务的能力。李腾（2022）认为，知识集成行为指的是在创新生态系统中，作为被支配地位的非核心企业在模仿、学习来自核心企业正向知识溢出的同时，通过对内外部知识进行一系列的知识集成工序，完成知识再造的过程，知识集成能力则是包括核心企业与非核心企业在内所有企业共同拥有的一种能力。学者们虽然研究的视角不同，但不约而同都会认为知识集成能力是企业形成竞争优势的关键因素，这种能力一旦形成就很难被竞争者所模仿。

总结有关集成理论的文献时可以发现，技术集成研究与知识管理尤其是知识集成研究可以说是同步发展的。诸多对知识集成进行研究的学者，在研究中多以技术知识为研究对象，针对企业中面临的集成问题展开讨论；另一些研究技术集成的学者认为，企业获取竞争优势来源的最重要因素就是技术，而技术又属于知识资源，因此，他们在剖析技术集成理论时也渗透着各种知识管理及知识集成的相关理论；有些学者甚至提出，如果从技术与知识两者概念的内部关联性出发，技术集成可以作为一种特殊表现形式的知识集成。

虽然作为集成创新能力的关键组成部分，技术集成能力和知识集成能力有着密不可分的关系，都以实现产品、服务创新为目标，两者之间存在共生和交融的关系，研究者们在对某一种能力进行研究时都可以吸纳和借鉴另一种能力的已有研究成果。但是，两者作为集成能力构成要素中重要的组成部分，两个能力之间也存在一定区别。

技术是知识的一部分，但特指某些特定类型的知识。技术更强调知识的运用和实践效果，而技术所具有的商品属性、生产应用性、较高编码性及产出性等特征，都使其与知识存在差别。企业由于某种商业目的将科学知识引入生产活动中，知识在分享、转化的过程中改变了产品、工艺流程，知识成为新的技术，而企业在通过组织和应用技术达到某种期望时，才能体现出利用技术的能力。因此，知识集成能力对企业创新所需要的各种知识理论进行收集、选择、吸收和整合，使显性知识和隐性知识经过共享形成新的知识体系，完成企业创新的理论储备。技术集成能力在企业知识积累的基础上，获取外部技术，并根据产品特征，将内外部各分支技术进行高度整合，从而满足技术系统需求，实现企业创新。综合以上分析，可以总结出知识集成能力为集成创新提供前期准备基础，而技术集成能力为集成创新提供创新动力。两种能力都直接影响企业的创新水平及效果，是集成创新能力的重要组成部分。

3.1.4.2 技术集成能力与技术能力

技术能力理论研究出现在 20 世纪 60 年代，以"干中学"（leaming by doing）和"用中学"（leaming by usnig）为主要代表思想，后来被用于对第三世界国家的技术追赶和技术转移研究中。技术能力理论逐渐引起国内外学者重视，快速地丰富和发展起来，理论界开始关注企业层面技术能力形成、发展与提升。谢伟（1998）以制造业企业为研究对象，提出了技术学习可以促进技术能力的提升。魏江（2002）对技术能力的界定得到了国内学者的普遍认可，他指出，技术能力是为支持技术创新的实现，依附在内部人员、设备、信息和组织中的所有内在知识存量的总和。李等（Lee et al.，2002）强调技术能力发展过程的阶段性，提出三层次的技术能力发展模型：最低水平的消化改进成熟技术的能力、中间层次的消化改进新技术的能力、最高阶段的产生新技术的能力。

技术集成能力和技术能力都强调对外部资源的掌控能力，都重视对外部技术的识别和选择，也都重视对组织能力要素的充分利用和能力的提高。但是仔细分析会发现两者在概念属性、研究边界及作用效果等方面也有诸多细微不同之处。首先，技术能力强调的是与技术相关能力的水平，目的在于提升企业的创新能力；技术集成能力是从一个更微观、具体的层面解释企业技术资源配置的能力高低，旨在提升企业的资源整合能力。其次，技术能力研究内容比较宽泛，研究范围包括企业的各组成要素：人员、组织、设备和信息；技术集成能力研究内容相对狭义，研究范围主要是企业层面技术资源整合过程中所依附的要素。最后技术能力强调企业整体创新能力的提升，从而实现企业自主创新；技术集成能力更侧重资源整合的效果及开放性创新的效率等方面。

通过对比可以发现，技术能力是企业的一种内生能力，企业技术集成能力是在这种内生能力的基础上，以实现企业内外部技术资源整合为目的的一种特殊能力，它促进了企业创新能力的形成与发展。由于技术能力作用于企业创新行为与产品绩效，因此所处不同阶段的技术能力将决定企业所选择的创新模式，不同的创新模式将进一步影响企业技术集成能力的水平和阶段。如图3-3所示，由于企业拥有的技术能力水平不一致，其选择的技术集成战略与模式也有所区别，因此企业技术集成能力受到技术能力的基础作用及创新模式与战略的影响，也处于不同的能力阶段。

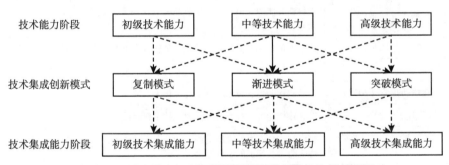

图3-3 技术能力、创新模式与技术集成能力之间的关系

综上所述，技术集成能力的形成是以企业为边界的，通过对集成对象的识别和选择，将内外部技术有机融合，从而实现技术集成的创新行为和技术能力的提升。因此可以得到这样的结论，企业技术集成能力是从资源整合视角研究企业对技术资源的配置效果，其能力水平在某个阶段内的表现特征受到企业相应阶段技术能力的影响。

3.2 技术集成能力的维度分析

3.2.1 技术集成能力维度划分的依据

表 3 - 2 是对各学者研究的技术集成能力维度的比较分析。这些观点从不同的视角分析了技术集成能力的组成要素，是本书提出技术集成能力构成维度最直接的参考基点。

表 3 - 2 技术集成能力构成维度

学者	构成要素（维度）
伊恩斯蒂、克拉克（2000）	外部集成能力、内部集成能力
哈德森（1994）	外部技术集成能力、内部技术集成能力
德波尔（1999）	系统化能力、社会化能力、合作化能力
刘广（2006）	学科整合能力、单元技术集成能力、产品集成能力、产品子系统集成能力
王天一（2007）	技术人员技术交流能力、研发人员薪金竞争力、管理层技术集成能力
肖玉兰（2007）	技术系统整合能力、自主研发能力、外部技术购买力
赵建华、焦晗（2007）	产品建构能力、技术获取能力、技术监测能力
朱建忠（2009）	产品建构能力、技术监测能力、技术融合能力
罗珉（2009）	协调与整合能力、重组资源与社会资本的能力、保持战略弹性的能力、适应能力及知识的整合能力
王毅（2012）	部件整合能力、系统弱整合能力、系统自整合能力和系统强整合能力
卢艳秋（2021）	产品建构能力、资源识取能力、技术融合能力构成

通过对技术集成能力构成维度的文献研究发现，国外学者大多是在伊恩斯蒂从内部和外部对其划分的研究观点基础上的进一步延伸拓展。虽然这些分类在理论上不失为一种划分维度的视角，但是往往忽略了技术集成能力自身的固有特征及技术管理等重要因素。国内学者对技术集成能力构成的认知上存在较

大差异，究其原因，在于对技术集成能力的研究视角不同，因此划分的维度也各不相同。本书认为，对企业技术集成能力的结构划分必须要体现技术集成能力的内涵，突出其重点与核心。具体来说，技术集成能力构成维度的划分应满足以下要求或应具有以下特性：

（1）体现技术集成能力适应环境变化的动态性特征。"动态"一词即指对外部动荡环境的适应性，强调为与客户需求、市场环境变化保持一致，及时更新内外部资源和能力，以此使企业拥有长期的竞争优势。当技术以较快速度、较大幅度的更新进行替代时，市场竞争也将充满更大的风险性及不确定性，这时企业的创新反应能力愈显重要。技术集成能力的动态性体现在企业拥有了资源配置的优先权，可以及时修改运营惯例来提高工作效率。

（2）体现技术集成能力与集成创新实现的相关性特征。通过本书对技术集成能力的界定及特征分析发现，技术集成能力有助于创新能力的培养和提升，有助于加快集成创新的实现。因此，在考虑技术集成能力的维度划分上必须有利于识别集成创新的构成，进而有利于分析技术集成能力与集成创新作用关系，进一步揭示技术集成能力各维度对集成创新实现的独特贡献。

由于技术集成能力的形成是一个动态的过程，是根据客户需求，不断选择、评估外部适合的技术，并与企业原有技术相融合，调整自身的技术能力范围，集成不同的元件和技术的创新能力。因此，在解析技术集成能力的构成时不仅要考虑以上提出维度划分的两点要求，体现其动态性及与集成创新的相关性，更应该从环境变化的内外匹配结构范式对技术集成能力的作用机理方面进行分析。由于本书所研究的技术集成能力是以企业为边界，研究个体企业内部技术资源的配置能力，因此要从企业内部提炼结构要素，突出其对集成创新效果方面的影响。通过文献对比和梳理发现，企业创新来源主要体现在资源感知、组织学习和资源匹配 3 个方面，即应从信息维、学习维、技术维 3 个维度来衡量企业技术集成能力。

鉴于以上分析，本书认为技术集成能力是一种特殊的动态能力，它在组织有效的协调管理下，以技术学习为手段，对企业内外部技术资源进行评估、监测，以不断强化技术系统的匹配能力，使企业能快速适应外部环境的变化，开发出适应市场需求的新产品及新工艺。它离不开对企业内外部技术的感知识别、集成体的自主学习能力的培养提升及与市场环境的系统匹配，因此，本书从这 3 个维度对技术集成能力展开分析，如图 3 - 4 所示，即技术集成能力由技术监测能力、技术学习能力、技术系统整合能力构成。技术监测能力是技术集成能力的前提，拥有了敏锐的技术监测能力，企业才能在行业内激烈的竞争中得以生存并保持持久的竞争优势；技术学习能力是技术集成能力的基础，主要体现为企业从外界鉴别、消化、开发知识的能力，良好的技术学习能力帮助企业更好地交流、沟通，提高企业的集成绩效；技术系统整合能力是技术集成能力的实现手段，通过技术资源的协调和整合，使技术系统与变化的环境相匹配。3 个维度能力协同发展，共同推动了企业技术集成活动的实施。

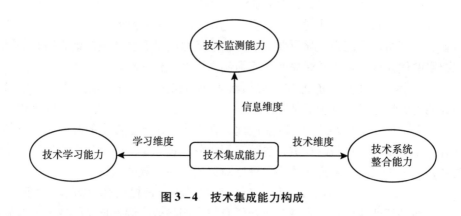

图 3 - 4　技术集成能力构成

3.2.2　技术集成能力的构成

3.2.2.1　技术监测能力

当今市场环境，企业需要从边界外部搜索选择、吸收、利用相关知识、信息、技术等资源开展创新活动，并转化为企业技术知识基础，从而在激烈的市场竞争中获取持续的竞争优势，提高自身能力。

创新对企业外部资源的依赖性越来越强，信息之间的快速传递导致企业不需要，也不可能拥有创新所需的全部资源和技术。拥有竞争优势的常常是那些善于对资源进行合理利用的企业。企业可以越来越多地接触外部的创新资源，因此对资源展开有效监测已经势在必行。赵晓庆（2003）指出，技术监测是指以科学技术信息、数据分析为基础，以数据挖掘、信息萃取、知识发现、数据可视化技术等信息科学前沿技术为手段，对科学技术活动进行动态监测、分析及评估的方法。技术监视是企业获取外部技术的前序工作，是对技术演进和用户需求变化的把握。通过有效的技术监测，企业可以更好地协调内部各职能部门及企业外部相关创新资源，从而实现扩大技术创新源，优化产品制造方案和流程等整体技术创新效益，最终提高企业创新绩效。

魏江（1998）指出，技术监测能力是企业捕捉产品技术信息的有效手段，有助于企业选择适宜技术。许庆瑞（2000）探讨了技术引进的适用性问题，他认为技术转移在各国发挥效应之所以不同，原因在于技术监测能力的不同，企业技术监测能力的形成和培育是企业实现对引进技术的消化吸收和二次创新的前提条件，其在文中还进一步探讨了选择适宜技术的原则方法、企业形成技术监测能力的必要条件以及企业实施技术监测的步骤。李兴旺（2001）在其研究中也提出了环境洞察能力，他认为企业需要有敏锐的洞察能力以发现环境中的有利机会，这种感知机会的能力会帮助企业管理者重构自我能力，反过来使管理者更具备发现机会的能力。饶扬德（2007）提出，资源整合可以促进技术监测能力的增长，强调技术监测能力有助于企业了解最新的市场动态和需求动向，把握技术的发展趋势和技术难点，获取适合企业技术系统发展并与之相匹配的技术资源，为企业产品研发提供坚实基础。

技术监测能力是指企业通过运用科学技术手段和方法，寻求选择并获取外部先进技术信息的能力。企业通过与外部技术知识资源的频繁接触和交流，快速捕捉相关领域技术知识的发展趋势，敏锐洞察市场需求变化，以技术集成的创新模式将新领域知识整合到产品开发过程中，实现产品的持续改进和升级，从而获取持续的竞争优势。技术监测能力的提升不仅可以帮助企业协调内部各职能部门及企业外部相关技术资源，还可以协调市场需求与不断变化的技术体系间的匹配，从而提高技术选择的成功率，优化企业内部的技术平台和产品工艺制造流程，更好地实现技术集成。

3.2.2.2　技术学习能力

企业可以被看作产生、分享、传播知识的学习团体，其创造价值的能力不仅仅依赖于更多的物质资源和财务资源，而且需要一系列有形或者无形的知识资源。这些知识有机会产生较高的回报，并在较长时间内持续下去，是企业非常关键的战略资源。而知识的发展和应用则需要通过学习来实现。学习是企业的一种能力，是观察、评估、理解、消化知识的方式，通过学习，企业可以更好地应对组织内部和外部的行为刺激，采用主动的方式强化自身知识结构、提高员工技能、提升组织效率。由此可见，通过学习可以促进知识在不同主体间的流动，从而提升整体的学习能力，进而提高企业绩效。

企业固有的思维模式限制着对客观事物的认知，这就需要通过不断地改变显性知识（或称编码知识）及隐性知识（或称缄默知识）的行为来突破思维定式，完成产品工艺创新。目前企业产品开发中越来越多地应用了高新技术，大多数产品都是多个学科、多个领域的技术交叉整合后的成果。在技术集成这一创新模式的基础上将外部技术转化为可利用的自主技术，则需要企业不断地开展技术学习活动。

学术界对发展中国家技术学习的研究成果颇为丰富，但主要集中在两种不同的研究视角。一种为基于技术能力提升过程的角度来界定技术学习，霍布德（Hobday, 1995）认为，技术学习是指组织利用内外部有利条件，以技术创新为目的，通过学习形成技术创新能力的过程；拉奥（Lall, 1998）在研究中认为，后发国家企业的技术学习是一个需要通过资源的整合及内部技术的共享、努力提升技术能力的过程；赵晓庆（2004）认为，技术学习是增强组织整体技术能力的动态过程，组织将从外部选择的技术知识进行消化吸收，再与企业现存知识相融合，从而将学习获取的技术纳入企业自身的技术轨道中，实现技术创新。彭纪生（2014）提出，技术能力演进需经过知识转化整合这一中介机制，在动态环境和知识转化整合过程中，技术学习起着关键作用。

另一种为基于组织学习的角度来研究技术学习，基姆（Kim, 1997）通过对日韩企业的研究指出，技术学习是获取和消化现有知识并创造新知识的过程，并强调在从技术引进到自主创新能力形成这一学习过程中，后发国家多以模仿—改进—创新的三部曲形式完成；卡拉扬尼斯（Carayannis, 2002）将技术学习界定为在显性和隐性知识的存量基础上，创造、修复和提升组织能力的过程，并提炼出技术学习的三阶段，即操作层、战术层和战略层；谢伟（1999）提出技术学习是组织利用内部和外部有利条件，获得新技术的行为；魏江等（2005）从系统角度出发，认为学习不仅是一个过程，也是一种行为，其实质就是提高组织的知识存量，激活内部知识，转化其竞争优势。李俊华（2015）认为组织技术学习是组织保持和提升组织绩效的能力与过程，包括知识获取、分享及利用，其实质是为了实现组织对外界环境的持续适应与改进。王罡（2018）指出，技术学习对自主创新具有倒"U"形影响，技术复杂性会加强技术学习对自主创新的倒"U"形影响，削弱管理学习对自主创新的正向影响。

技术只有经过接受者的学习与理解并被其掌握，才能真正转化为可利用的技术，并应用于实践之中。技术学习的实质就是技术知识的流动、吸收和创新的过程，它贯穿整个技术集成过程，使企业能够迅速集成流动于组织网络和市场中的各种技术资源。因此，本书认为，技术学习能力就是指为了开发与挖掘组织潜在所需技术资源，通过对内外技术的获取、吸收与利用来开发技术知识，以提高组织与环境相适应的能力，是技术集成能力形成提升的重要渠道。技术学习能力的培养，可以帮助集成企业更好地确定学习目标、制定学习方法，选择学习对象，通过对技术知识的收集、归类、整理、转化、扩散等方式不断强化自身技术基础，促进企业内部隐、显性知识的转移和分享，从而逐步掌握行业核心技术，形成自身的创新能力。

3.2.2.3　技术系统整合能力

系统是具有系统特性的部件之间联系的总和。系统的概念强调整体是由相互关联、相互制约的各个部分组成的。技术系统是指生产系统借以进行生产活动的方式与手段。普拉哈拉德（Prahalad，1990）提出技术及其支持系统，他认为技术系统对企业技术创新的影响很大，企业可以通过对产品研发、流程作业、现场管理等技能的培养，优化技术系统，建立技术平台，从而缩短新产品的开发周期、降低损耗和废品返还率，提高工作程序的灵活性和劳动生产率。克里斯等（Chris et al.，2000）指出，技术系统是由社会决定形成的，用来解决混乱复杂问题，由科学和技术知识的内核、物化的技术系统群落、市场环境、制度界面 4 个主要部分构成，进化是其普遍特征。余浩（2004）认为，产品的技术系统由多个模块或者子系统整合而成，技术系统的阶段性表现不同，其最终功能是由子系统或者子模块的接口耦合和相互匹配共同实现的。贾凤亭（2006）认为，技术本身是一个系统过程，是由若干要素组成的一个系统，其中，以独立形式存在的一项技术个体被称为单元技术，而技术系统则是按照一定的技术目的，由若干密切相连的单元技术组成的具有一定层次和结构的有机整体。

任何一个技术系统，都会随着时间的推移，发生结构、状态、特征、功能等的变化，称为技术系统的演化。技术系统演化理论是 TRIZ 理论的核心内容，TRIZ 理论是由苏联专家在对大量工程专利和技术系统的历史数据量化分析的基础上归纳总结出来的。技术系统演化理论认为，一个完整的技术系统必须包括执行机构、能量机构、传送机构和控制机构 4 个部分，才能实现系统的主要功能。技术系统具有自己的生命周期，旧的技术系统因为新核心技术的出现，不断地被革新替代，其功能的增多导致系统复杂性随之增长，从而提升集成度，使系统得以简化。

技术集成需要一个完整的技术系统来处理，使企业获取的外部技术与自身的技术相匹配，更快更好地完成产品的技术研发。王毅（2012）认为，复杂的技术创新需要多种分支技术的融合，这就需要提高技术系统的整合能力，以提高技术创新力度，从而提升企业创新绩效。苏敬勤等（2014）指出，技术集成创新是基于元件知识汇聚、整合的建构知识创新，把元件知识整合成为高匹配性、低冗余性的创新型的新技术系统依靠技术系统整合能力。技术系统在集成过程中会面临很多问题，这就要求企业既考虑获取技术的特点，更考虑自有技术的特点，以做到两者的较好匹配。在集成开始时，设计各分支系统的性能，并对元件及其接口进行技术进行说明，以确保元件间的兼容性；在集成进展过程中若元件技术参数有所改变，企业要负责修改所涉及元件和接口的技术说明，使各分支技术能相互匹配，降低冗余度；集成完成后，要对技术系统进行测试，使产品或系统适应所运行的环境。

由于对技术系统整合能力的概念并没有明确、统一的规定，本书在借鉴国内外学者对技术系统、资源整合内涵阐述的基础上，结合技术集成特征，将技术系统整合能力界定为：为了实现技术集成，将企业技术系统内各分支技术加以整合，使其相互匹配，耦合兼容，满足技术系统需求和适应环境的能力。企业的技术集成能力受到技术系统整合能力的影响。由于技术集成需要多种分支技术的融合，想要提高技术集成力度，就必须先提高技术系统的整合能力。与此同时，企业技术系统整合能力的提升可以推动技术创新与技术扩散的正向反馈，不断深化创新的深度、广度及速度，提升技术系统的开放程度，增强企业的创新能力。

3.3 技术集成能力作用机理理论模型的分析框架

3.3.1 分析框架构建的依据

通过前文的分析可以知道，技术集成能力是一种特殊的动态能力，也就具有动态能力的特征及一般规律。因此，对企业技术集成能力作用的分析可以遵循动态能力的研究范式及研究结果。结合环境动态发展思想，借鉴动态能力对竞争优势作用的分析框架（如图 3 - 5 所示），以此作为技术集成能力对集成创新作用机理研究的重要参考依据。

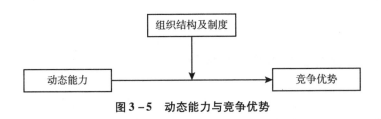

图 3 - 5 动态能力与竞争优势

由图 3 - 5 可以看出，动态能力的作用表现在它能够帮助企业获取较为持续的竞争优势，而在这个过程中，组织结构及制度起到协调、促进的作用。动态能力是随着外部环境变化，动态调整企业内部资源的能力，其主要作用是对资源进行合理配置和整合，在此基础上充分发挥资源的能动性和异质性，为企业创造新的价值，从而获取企业的长期竞争优势，提升企业绩效。动态能力对资源的配置时机、成本和组织学习效率将直接影响企业的战略经营，同时，企业所拥有的动态能力差异，直接导致了其竞争能力的差异。组织能否发挥其作用很大程度取决于组织结构，组织结构是组织内部各构成要素间的排列顺序、连接方式的组成，即组织框架，它受到行业特点、目标任务和管理水平的多方面影响，是企业经营特点和思想的体现。组织制度是组织管理的一系列章程和条例，是约束组织全体成员的行为标准，组织制度明确了人员分工，规定各部门及其成员的职权和职责。企业需要根据企业的经营目标，在稳定性与适应性相匹配的原则下，选择适合自身发展的组织结构和组织制度，有效地完成组织任务。

开放性与无边界线性是动态能力的主要特征之一，在这些特征的驱动下，企业面对环境的变化可以及时调整战略决策，灵活、充分地配置内外部资源，摆脱能力的刚性作用，实现企业资源和能力的匹配，使企业各要素相互协调、共同发展。在动态能力的形成演化受到企业组织结构和组织制度的影响下，以往传统的组织结构，在面对动荡的技术和市场环境时，已经不能适应企业的创新性发展战略，导致组织结构与经营决策的不协调，进而影响企业绩效。"刚性"和"柔性"组织结构及制度是最关键的内部结构与规范特征。"刚性"与"柔性"是相对而言的，"刚性"是指组织受外部的影响较小，调整幅度不大，体现组织结构的稳定性和组织制度的程序化，"柔性"是指弹性，企业可以随着外部环境的变化灵活调整组织结构和决策过程，减少变化带来的负面影响。因此，在动态能力对企业竞争优势的作用路径中，组织结构及制度起到调节和影响的作用。企业应该重视柔性化管理，建立弹性的组织结构及制度，调整管理幅度，使企业高效运行，提升企业竞争优势。

3.3.2 分析框架的构建及解释

遵循动态能力作用的研究范式，即动态能力通过组织结构及制度的调节作用于企业竞争优势，本书提出了企业技术集成能力作用的研究思路，即技术集成能力影响集成创新，组织结构及制度的柔性管理在技术集成能力与创新绩效间具有一定的调节作用。依据这一思路和图 3–5 动态能力对竞争优势作用的分析框架，构建了企业技术集成对集成创新作用机理的分析框架，如图 3–6 所示。这一分析框架主要由 3 部分构成：技术集成能力、柔性化组织和集成创新。

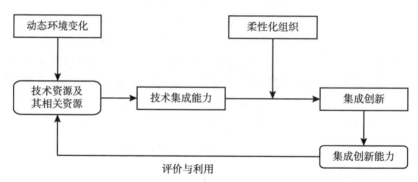

图 3–6　技术集成能力对集成创新作用机理的分析框架

技术集成能力是在市场需求的导向下构建产品体系，识别选择外部技术资源，与企业现有技术基础加以整合并运用，以适应不断变化的动态环境，满足企业技术系统需求的能力。技术或知识本身并不能给组织带来竞争优势，只有将这些要素相互融合、相互匹配，通过集成主体将内、外部所拥有的技术资源充分发挥和调动起来，以有限的整合达到最大的效用，才能帮助企业形成强有力的竞争优势，获取其独特的技术位势。

企业是一个有机整体，当外界环境发生变化时，企业应随之进行组织变革以适应要素变动。技术集成能力的形成和发展离不开企业组织管理的支持与协助，具有弹性的组织结构和制度更适合企业集成创新战略的实施。柔性是在组织与环境之间维持一种动态适合的组织潜力，从创新角度看，组织柔性是抛弃组织惯例以便提高适应和利用未来机会的组织能力。为了适应快速变化的市场环境和产品竞争，企业需要采用一个更为有机的组织结构和更匹配企业发展战略的制度规范，使组织内部与外部环境的不确定性水平相一致，而组织柔性就是这种应对环境需求变化的能力。组织柔性强调组织的灵活性，是为组织内部进行有效资源配置和整合，从而实现组织目标的一种制度，其柔性化管理的范围包括组织机构、权责分配、人员配备和管理机制。

在企业技术集成能力对集成创新作用机理的分析框架中，由于受到环境的动态变化，企业的技术资源、战略资源、管理资源等相关资源发生了变化，技术获取的方式和渠道也在不断改变，企业在自身技术储备的基础上，通过对技术资源的整合，实现技术系统的优化，使技术集成能力得以提升，集成创新得以实现。但在此过程中，资源的配置、知识的分享、平台的建设都离不开组织系统的支持。因此，也有一些学者在其研究中将组织划入技术集成能力的构成模型中进行分析，虽然这不失为一种分析结构，但在一定程度上扩大了技术集成能力的概念范围。本书是以企业为边界，主要从技术要素层面研究企业技术集成能力的内在结构，因此前文中所提出的企业技术集成能力的构成维度包括信息维、学习维和技术维 3 个维度，而组织结构及制度可作为调节要素，影响作用于技术集成能力与集成创新间，即技术集成能力在柔性化组织的作用下，各要素协同发展，共同促进企业集成创新，从而提升企业自主创新能力。

3.4　本章小结

本章是论文理论架构的重要部分，在分析技术集成相关理论的基础上，对技术集成能力的概念进行了界定，阐述了其特征及其与知识集成能力、技术能力等概念的区别。从信息维度、学习维度、技术维度构建技术集成能力结构模型，分析技术监测能力、技术学习能力、技术系统整合能力 3 个子能力的内涵及相关关系。在此基础上，将组织结构及其制度引入，构建了技术集成能力作用机理的分析框架。

第 4 章

技术集成能力对集成创新绩效作用
机理的理论模型与研究假设

4.1 技术集成能力对集成创新作用机理的理论模型

通过前文给出的企业技术集成能力对集成创新作用机理的分析框架,本书构建了企业技术集成能力对集成创新绩效影响的研究模型,如图 4-1 所示。试图探索技术集成能力、组织柔性对创新绩效的影响程度,以及组织柔性在技术集成能力与创新绩效之间是否起到正向调节作用,为后续分析技术集成能力的提升途径提供参考依据。

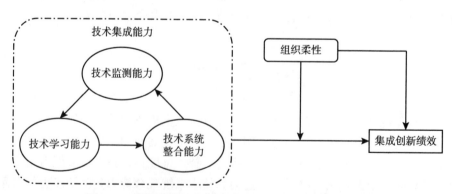

图 4-1 技术集成能力对集成创新作用机理的理论模型

在企业技术集成能力对集成创新影响的理论模型当中,有 5 个重要的变量：技术监测能力、技术学习能力、技术系统整合能力、组织柔性和集成创新绩效。通过研究这 5 个变量之间的关系，具体分析 3 个问题：一是企业技术集成能力、组织柔性是如何影响集成创新绩效的；二是技术集成能力 3 个子能力彼此间是否存在相互作用，如果存在又是以什么方式相互作用的；三是组织柔性是如何在技术集成能力和集成创新绩效中起到调节作用的。

4.2　技术集成能力对集成创新作用机理的研究假设

4.2.1　技术集成能力与集成创新绩效的关系

4.2.1.1　技术监测能力与集成创新绩效的关系

有关技术监测能力对企业创新的积极作用，已经有很多学者对其进行探讨。侯婷等（2004）分析技术监测能力在项目管理中的应用时表明，技术监测能力在信息获取和分析方面由于具有外部性、先进性、创新性和科学性等特征，可以帮助企业快速获取技术信息，解决创新问题，调整创新策略和相关项目决策，抓住产品进入市场的最佳时机，从而使企业获取有力的竞争优势。

饶扬德（2007）认为企业的技术监测能力在资源整合的动态过程中，更为清晰地为企业指出需求变化，使企业选择适宜的技术要素，开发出性价比更优且符合市场需求的产品，从而克服企业产品开发的技术瓶颈，提升企业创新绩效。吴东俊（2013）将集成创新的思想与信息技术相结合，构建了基于信息库的产品集成创新思路及框架，提出企业信息平台的建设有助于企业提升创新绩效。朱雅彦（2013）以我国 TX 公司为研究对象，对其在 LED 产品领域的技术赶超过程进行案例分析，研究后发现企业技术监测能力的体系结构及作用机制，结果表明，在识别外部因素和环境变化方面，技术监测能力凸显其作用，对企业实现技术创新及技术赶超均有显著影响。崔怡雯等（2021）构建了面向颠覆性创新的监测分类体系，指出技术的预警和监测是实现对颠覆性创新进行监测管理的基础，既符合颠覆性创新发展的动态性、交叉性、复杂性以及不成熟等特点，适用于科技发展过程中动态变化、更新迭代的需求，又能满足我国当前科技发展对创新监测管理的需求。

技术监测是面向战略决策、资源管理、技术评估的，并基于数据挖掘的定量与定性相结合为手段的集成分析方法，是传统的专家意见法和现代信息技术的有效结合。企业拥有较强的技术监测能力，可以帮助企业有效分析自身采用生产设备的优势和不足，正确合理地评价生产操作过程、机器测试及产品质量等方面，使企业管理者明确企业现状和存在的问题。完善的技术监测系统还可以把先进的技术解剖成若干个基本要素，通过分析要素的特征及内在联系，揭示该先进技术的内在结合方式，掌握核心技术，帮助企业改进产品设计及生产工艺。通过对市场需求、技术专利、科技管理部门信息资源等数据的挖掘和评估，为决策者在较短时间内提供广泛、深入且准确的数据支持，从而使企业在第一时间内获取外部技术资源，提高企业对集成项目的管理水平和创新能力。

基于以上分析，本书认为技术监测能力很大程度上影响着企业的技术创新活动，技术监测能力越强，企业的创新效果越好，因此提出以下假设：

H1.1：技术监测能力对集成创新绩效有显著的正向作用。

4.2.1.2 技术学习能力与集成创新绩效的关系

技术学习能力与创新绩效间有着密切的关系。吉姆（1999）曾指出，发展中国家为确保取得后发优势，应通过某种方式获取和引入先进的技术，从而降低成本，并围绕这些引入技术建立一种新的商业体系，攫取利基市场机会与收益。而作为获取和消化现有知识并创造新知识的技术学习正是最佳的方式之一。菲格雷多（Figueiredo，2003）通过对巴西最大两家钢铁企业进行跟踪调查后发现，在这两家企业几十年的生命周期中，技术学习有着极为重要的影响，决定了两家企业的发展差异，学习过程中所体现出的多样性、强度性、功能性及相互作用性等特征，将直接影响企业的技术发展及技术选择，进而影响企业的技术绩效。施志宜（Shih‒Yi Chien，2012）认为，通过技术学习，企业可以获取显性和隐性知识，并将这些知识运用在新产品的开发或是产品生产流程的改进中，从而提升企业生产效率。

董亚辉（2011）指出，我国应加强技术学习能力的培养，主动寻求技术能力提升的机会，否则国内的制造业将会陷入低附加值的粗放加工泥沼中，企业的发展与运营也会受到影响。罗明虎和刘洪伟（2011）通过对技术学习模式及相关研究成果的梳理，认为技术的价值是随着技术向后发国家的不断转移中得以实现的，后发国家进行技术学习的目的在于形成自身较强的竞争优势，技术学习过程中的相关信息的反馈有助于后发国家进一步改进技术、加强创新。朱雅彦（2012）在分析技术赶超战略下的后发企业技术战略时指出，技术学习能力是企业学习和开发知识和技能，得到累积和提升的能力，其通过内外部知识吸收、整合、提升，形成自主创新能力，并获取企业竞争优势，提升企业的创新绩效。罗晨阳等（2017）指出，为了提升技术服务领域的深度与广度，节约研发成本，需要不断通过开发型学习与探索型学习提升创新绩效，获取持续竞争优势。于若溪等（2021）通过对学术创业的技术学习过程分析，提出学术创业团队主导并管控"用中学"子系统将有效提高创新迭代效率，政府有目标、有组织地供给新技术场景将有助于推进学术创业团队打通自主创新链路。

技术获取能力有助于企业敏锐地识别外部环境，快速建立自己的技术体系，选择适宜的技术要素，构建产品框架；技术吸收能力有助于企业更好地理解和吸纳新技术，并将其整合到现有的技术体系中，激活企业的缄默知识，从而影响企业的知识创造及知识利用；技术利用能力有助于企业摆脱对以往技术轨道的依赖性和惯性，其中，利用效率是指一个体系有效利用的能量与实际消耗能量的比率，反映消耗水平和利用效果，利用效率越高，企业集成创新绩效越好。

综合以上分析，企业的技术学习能力水平越高，越有助于对外部技术的有效吸收和利用，其学习效果也就越好。因此，本书认为，技术学习能力对企业的集成创新绩效有非常重要的影响，从而提出以下假设：

H1.2：技术学习能力对集成创新绩效有显著的正向作用。

4.2.1.3 技术系统整合能力与集成创新绩效的关系

技术系统整合能力是将企业各分支技术加以整合，使其相互匹配，满足技术系统需求的能力。众多学者对技术系统整合与企业创新绩效的关系展开了一些探索性研究，如杨雪梅等（2003）在分析组织创新对技术系统的影响中提到，组织创新不仅仅是让技术系统适应环境从而达到最佳效果，更重要的是对技术系统的高度整合、各基础要素相互匹配，任何技术设计与现实的脱节都会导致组织创新的失败；丁俊武（2005）在分析技术系统理论演化及应用时指出，技术系统的演化有助于企业的技术预测、新产品设计和市场创新；贾凤亭（2006）通过对技术系统演化复杂性的分析，指出技术系统的演化具有非线性相互作用、自组织过程、开放性、耗散结构等特征，受到内部矛盾和外部环境的影响，技术系统内部的各单元技术相互作用，产生促进效用，提升产品创新能力；刘秋岭等（2010）强调，微观异质性导致技术创新的多样性，这种异质性主要体现在某技术系统与其他技术系统的"位势差"，而位势差又是由技术创新效果决定的，因此，企业应重视技术系统的建设，并利用位势差及其连锁效应展开新的技术创新活动；王毅（2012）认为，复杂技术系统是由不同部件按照特定的联结规律组合而成的，技术系统的整合能力将促进系统的总体性能，提升企业核心技术能力，使企业获取持续的竞争优势；唐震等（2019）指出，技术整合能力对工程技术追赶绩效具有正向影响，即工程技术整合能力越强，工程技术追赶绩效越高。

技术系统整合能力的特征主要体现在两方面：一是导向性，技术的时效性及工具性强调了其必须按照市场的要求及时更新修正技术的性能、用途及未来的发展方向。技术系统的整合也将遵守这样的规则，以市场为导向，对整体系统进行优化处理，使其对市场的反应更加灵敏，使子系统、子模块间的各项技术相互关联、相互匹配，提升系统的兼容性和适用性，从而缩短产品的开发周期、降低研发成本，深化创新力度；二是协调性，技术系统是由众多的子系统、子模块构成的，各项分支技术相互交织在一起，其内部结构非常复杂，应用技术系统进行创新时，要综合考量各方面的影响因素，使依附于系统中的各要素耦合集成，共同成长，因此，技术系统整合能力所体现出的协调性非常关键，可以帮助企业降低技术整合后产生的冗余度，提升整合效率，促进技术系统向高层级的更新升级。

综合以上分析，本书认为，技术系统及其整合能力与集成创新绩效有着十分密切的联系，技术系统越完善、整合能力越强，越可能支持企业从外部获取适宜的技术资源，丰富产品的技术体系。因此，提出以下假设：

H1.3：技术系统整合能力对集成创新绩效有显著的正向作用。

4.2.2 技术集成能力各维度间的作用关系

本书在构建技术集成能力对集成创新绩效作用框架的基础上，希望进一步探讨技术集成能力各维度之间的相互关系及作用程度，以摸索技术集成能力的内在结构，为技术集成能力的形成及培养提供路径参考。

4.2.2.1　技术监测能力与技术学习能力的关系

企业通过技术监测手段来追踪和甄别持续性的技术发展，获取有效信息，为技术选择提供参考依据及评估数据；技术学习能力则是以技术选择为基础，对获取的技术知识进行理解、消化、吸收，并转化纳入自身的知识体系，最终用于产品研发的实践应用，因此，技术监测能力与技术学习能力之间有着极为密切的关联。魏江（1998）指出，技术监测能力的提高关键在于技术监测系统的建立，对外部技术环境展开有效的追踪和评估，使企业对获取的技术资源进行消化吸收。赵晓庆（2002）在研究技术学习时，认为企业对外部知识环境搜索和追踪是非常关键的，其能力大小直接影响技术知识的消化吸收。谢伟（2005）在研究技术学习的过程模式中提出，技术学习的第一步就是技术引进，而技术引进的前提则是对技术环境的持续性监控、追踪和技术评估。宋宝香等（2011）认为，在利用外部技术资源过程中，企业的技术战略、学习文化和技术学习过程对提升技术能力起到重要的促进作用。陈侃翔等（2018）认为，具备很强的技术基础和研发能力的企业可以跨越制度差距，通过后利用探索并举式学习模式进行逆向转移，提升学习效果。

技术集成所需的技术种类繁多，技术特征复杂，企业不可能掌握技术集成过程需要的所有分支技术，所以关键在于对产品关联的核心技术的认知和把握。那些企业无法完全靠自主研发而拥有的技术，则可以通过其他途径从外部获取，这需要企业拥有较强的技术监测能力，从而把握技术演进的方向和用户需求的变化。技术信息的获取和捕捉是为了企业能够更好地开发与挖掘组织所需技术资源，并通过对内外技术的整合来激活技术知识，以提高组织与环境相适应的能力，而这个过程则需要技术学习能力的支持与配合。技术监测能力越强，说明企业获取外部技术的可行性和有效性越大，企业对新技术知识的学习效率和效能越高。

同时，在持续技术集成过程中，需要源源不断地更新和植入新领域的知识。技术学习是组织成员积极主动地利用有关资料与信息来规划自己的行为，以提高组织持续适应能力的过程。技术学习的过程中，技术的引进能力及引进方法不断得到提升。由于知识所具有的流动性和外溢性特征，企业通过数据挖掘、信息萃取、数据可视化技术等信息科学手段将获取的技术知识在一定时间范围内吸收消化，进而将技术知识转化为创新动力，影响企业的创新行为。

基于以上分析，本书认为技术监测能力与技术学习能力有着十分密切的联系，通过信息手段获取有效技术资源是开展技术学习的前提，技术监测能力的强弱会直接影响技术学习效果及其能力的转化，因此提出以下假设：

H2.1：技术监测能力对技术学习能力有显著的正向作用。

4.2.2.2 技术学习能力与技术系统整合能力的关系

如果企业只是通过技术学习将外部知识吸收消化，而不能将获取的外部技术融入自身的技术体系中，转化为创新源泉，那么企业只是简单的模仿创新，依然无法实现自主创新。在技术集成过程中，技术系统的建设是非常关键的。技术系统整合不仅仅是技术要素的简单融合，而是技术要素经过匹配、优化而形成的有机体。技术系统整合能力是企业长期积累形成的综合能力，其形成依托于组织的技术资源及组织间的技术学习。

很多学者在研究技术系统整合时，强调了组织成员间学习的重要性。普拉哈拉德（1990）认为，知识的吸收能力有助于技术系统的构建。兰克托（Lanctot，2000）认为，学习能力是管理者寻求提高组织成员理解和管理组织及其环境的能力和动机水平，从而使其能够决策如何不断提高系统效率的过程。肖玉兰（2007）在研究中认为，自主核心技术是技术系统整合能力的重要组成部分，而技术学习能力正是拥有自主核心技术的重要途径和关键影响因素。邢蕊（2017）指出技术系统整合能力基于元件知识汇聚、整合的建构知识创新，把元件知识整合成为高匹配性、低冗余性的新技术，其形成依赖于对知识的吸收、利用和转化。

通过分析可以发现，技术系统整合能力的提升受到组织成员对技术知识含有量和学习能力的影响。企业想进入更高级别的发展平台，将各分支技术融入自身技术系统中，提升创新绩效，就必须拥有技术学习能力，这样才能将引进的技术纳入自己的技术轨道或重建技术轨道，完善技术系统的建设和升级，使技术系统的子模块和子系统经过技术学习完成优化升级，使模块内的各要素相互配合、取长补短，实现技术系统效用最大化。各分支技术在融入技术系统的过程中，其属性中特有的缄默性和潜在性会被激发出来，使隐性知识显性化，便于对认知的甄别和分类，也有助于经验的交流和分享，提升技术学习效率。

基于以上分析，本书认为技术学习能力与技术系统整合能力之间存在一定的联系，技术学习能力的提升有助于丰富企业技术体系，使内外部技术要素相互融合、适宜匹配，满足技术系统需求，从而提升技术系统整合能力。鉴于此，本书提出以下假设：

H2.2：技术学习能力对技术系统整合能力有显著的正向作用。

4.2.2.3　技术监测能力与技术系统整合能力

随着各分支技术的相互匹配和相互作用，获取的新技术要素不断融入企业原有的技术体系中，技术系统性能不断完善，企业技术系统整合能力得以提升，集成过程得以持续优化，技术势能不断提高，这将有助于企业监测和评估外部新技术，更好实现对引进技术的吸收消化。

刘秋岭等（2010）认为，企业技术追踪和搜寻的结果受到企业技术系统的影响，技术系统的差异决定了对外部技术选择的差异，也决定了对内部技术的利用程度和耗散过程，造成企业作出不同的创新模式选择，进而展现技术创新的多元化和复杂性。徐晗等（2011）指出，技术系统的优化和整合是技术集成的最高阶段，也是企业在技术上自力更生的根本体现与最终目标，通过对现有技术体系结构的重新调整，将那些被吸收的新技术和新知识结合起来以获得最终的产品和服务，实现技术上的超越，完成自主创新。技术系统整合能力的提升，不仅可以帮助企业及时发现潜在的市场需求，快速萃取和培养自身的技术特长，实现技术的二次利用，还可以帮助企业追踪和监测技术的发展轨道，预测技术的发展前景，对外部环境进行及时监控，促进技术监测能力的成长，从而为企业获取有效信息及技术保障。

柔性模块化是技术系统得以持续优化的前提条件，随着技术环境和市场需求的变化，企业技术系统不断进行调整，如何才能建立最适合企业发展的技术系统，其关键在于系统知识及系统结构的灵活性和协调性，将系统内领域知识与系统知识进行有效耦合，使其相互匹配，适应环境和需求的变化。随着技术系统整合能力的提升，内化于集成过程中的技术集成能力也在其演化循环中不断蓄势累积、持续螺旋上升。企业可以凭借在上一循环中积累的经验和能力，从更高的角度来审视企业的内外部环境，甄别技术信息，为企业的战略选择提供最适合的技术资源，更好地实现集成创新。

基于以上分析，本书认为，技术系统整合能力在其成长过程中，整合力度的强化会促进企业对外部技术信息的敏感性，帮助企业更好地识别、选择技术，因此提出以下假设：

H2.3：技术系统整合能力对技术监测能力有显著的正向作用。

4.2.3 组织柔性对技术集成能力与创新绩效关系的调节作用

面对市场竞争、用户需求、法规、技术变化等外部变化，以及人员结构、权利分配、管理职能等内部情况，企业需要一种灵活、有效的组织结构，在众多不确定性下，通过及时交流多元信息、经验，整合组织系统，以支撑技术集成的实施，提高创新效率。柔性的组织结构可以更为有效地配置企业资源，统筹安排权责结构和人员配备，确保以最高的效率，发挥组织的最大功能，完成组织目标，更重要的是，这种具有特色的组织结构可以实现技术集成能力在组织间的转移与扩散，将企业纳入一个有序、统一的组织体系并加以改造，营造出一个具有一定规范和操作性的组织结构，形成高效的自组织体系，从而保障企业的集成战略与经营管理相互协调，从而实现企业的集成创新。

4.2.3.1 组织柔性与集成创新绩效的关系

柔性是组织在应对环境变化过程中的一种有意识的适应能力，其不仅是多维的，而且是多态的。弗雷泽尔（Frazelle，1986）通过对美国计算机公司的研究发现，组织柔性在很大程度上影响企业创新绩效，即组织柔性化管理越完善，企业创新绩效越好。米尔等（Miller et al.，1996）认为，企业在动态环境中竞争生存，组织柔性起到非常关键的作用，它有助于企业人员进行信息的交流沟通、资源的合理配置，提升创新绩效。西蒙等（Simon et al.，2003）对企业创新的演化路径展开了研究，认为企业的演化是遵循一定阶段顺序的，一般情况下不存在阶段性跨越，其中柔性是创新的必要条件，关系到创新的成功与否。马奇（Mutch，2012）在研究产品创新动态模型中曾指出，具有柔性结构的企业更能适应环境的变化，并迅速作出反应，降低企业的风险，从而帮助企业作出正确的经营决策。

周玉泉等（2006）分析指出，组织柔性不仅有助于企业对市场变化作出快速反应，将资源的惯性和柔性进行调整，扩大资源的应用范围，提高利用效率，还有助于企业开拓新的领域市场，降低研发风险，在短时间内完成产品创新。赵更申等（2007）构建了战略导向、组织柔性和创新选择之间关系的结构模型，通过实证表明，在自主创新的过程中，企业以市场导向和企业家导向为手段进行柔性化管理，资源柔性和能力柔性的不同组织柔性对企业创新行为的影响会有所不同，进而使企业选择不同的创新战略。姜铸等（2014）构建了"组织柔性—服务化程度—企业绩效"概念模型研究组织柔性对企业绩效影响的作用机制,通过对陕西省制造企业的实证研究表明,组织柔性通过服务化程度的中介作用对企业绩效产生影响。范志刚等(2014)通过对长三角制造业企业的实证研究表明,前瞻型与反应型战略柔性均对企业创新绩效有正向影响,其中,前瞻型战略柔性对企业创新绩效的效果更明显。熊胜绪等(2019)指出,组织柔性和技术创新动态能力对企业创新绩效有显著影响,组织的结构柔性和文化柔性对企业技术创新动态能力的各个维度都具有显著影响,但技术柔性仅对适应环境的组织变革能力有显著影响,从组织结构柔性、文化柔性和技术柔性方面强化企业组织柔性建设,有利于提升企业技术创新动态能力和创新绩效。杨震宁等(2021)认为,数字化和组织结构的革新改变了企业的经营模式,对国内和全球创新网络与创新能力之间的关系产生调节作用,可充分利用数字赋能和组织柔性的作用促进企业创新能力的提升。

很多学者认为柔性是创新的催化剂,便于组织灵活管制,即使面对不确定的情况,仍能较为稳妥应对解决问题,同时柔性还有助于企业创新文化和创新氛围的培育和传播。但一些学者也提出了质疑的声音,即过量的柔性可能会使管理幅度过大,造成组织结构的松散,不便于整体控制,也不利于企业的经营决策。组织柔性与创新间的关系并不只存在简单的正向关系,过度柔性的组织结构或制度会造成企业的无效创新,即倒"U"形结构,抑制组织创新。

刚性僵化的组织结构、冗余烦琐的制度章程是制约企业发展的主要内部障碍之一,尤其对于集成化发展的企业,由于集成过程的复杂化和系统化,更需要各职能部门的紧密配合、相互沟通。因此,能否组建新型、扁平化的组织结构,优化规章制度,使之与企业发展战略相辅相成,将直接影响企业集成创新的实施过程及效果。组织柔性强调稳定性与灵活性相结合,根据环境和机会灵活迅速地作出响应,提高企业绩效。基于以上分析,本书认为组织柔性与企业创新绩效有着十分密切的联系,并提出以下假设:

H3.1:组织柔性对集成创新绩效有显著的正向作用。

4.2.3.2　组织柔性在技术监测能力与集成创新绩效关系间的调节作用

在技术集成过程中,为获取有效的外部技术,企业需要对外部技术信息进行及时的追踪评估,捕捉相关领域技术知识的发展趋势,敏锐洞察市场需求变化,实现产品的持续改进和升级,这些都依赖技术监测能力的提高。而企业的组织制度、结构乃至创新文化又直接影响企业对外部技术的获取程度和速度,以及对新技术的接纳态度等。

扎赫拉（2002）认为，组织整合机制是组织中影响机会发现、机会搜索的关键变量，直接决定获取率的高低，如果组织没有适合的内部管理机制，即使从外部发现、获取了技术，也不能转化为实际需求，其创新绩效也难以保证。扬图宁（Jantunen，2005）认为，转化的知识、信息要在相适应的组织环境中才能得到使用，使之更有利于知识传播与扩散，也有助于企业的解码。津井（Tsui，2006）通过实证研究表明，扁平化、富有弹性的无边界的组织结构在外部技术获取之间和企业创新绩效间具有调节作用。刘景东等（2013）通过对130家企业的调查和实证研究分析得出，组织柔性影响企业的信息能力，其中，机械式组织结构由于正式规章制度严密繁多，组织柔性较差，并采取链式的信息交流网络，导致沟通渠道单一，不利于信息知识的传播；有机式组织结构，组织柔性强，同时采取轮式或者是全通道型的信息交流网络，有助于信息渠道的构建及信息的交流和分享，有助于企业获取有效信息。组织柔性的存在，加快了信息的传播速度与效度，有利于信息的吸收和利用，使信息能力更好地服务于创新活动。

企业需要及时监测、萃取有效的信息技术，把握有利的市场机遇，为创新行为提供技术上的支持，但更需要各职能部门的整合及组织结构的柔性管理，通过组织中不同部门的合作与交流，缩短管理者决策流程，将获取的知识扩散到组织内部，实现知识的分享与转移，建立更多获取外部信息技术的渠道，从而实现组织与部门的战略目标。由此可见，组织柔性在一定程度上影响技术监测能力的形成及发展，如果企业不具备组织柔性，各职能部门就无法通过有效的交流进行技术知识的转移与传播，这将导致技术监测系统与组织系统相脱节，无法支撑企业的技术搜寻活动，进而影响集成创新绩效。

基于以上分析，本书认为技术监测能力、组织柔性、集成创新绩效三者有着密切的关联性，因此提出以下研究假设：

H3.2：组织柔性在技术监测能力与集成创新绩效的关系中起到正向的调节作用。

4.2.3.3 组织柔性在技术学习能力与集成创新绩效关系间的调节作用

技术学习能力的产生和培养主要是通过知识的分享和经验的交流，形成对知识的消化理解，进而充分利用，以此来推动技术知识在组织内部转移，因此，技术学习能力水平将直接影响技术集成的成败，而技术学习效果又受到组织制度、组织结构的制约，越为有机的组织结构，越有助于成员间共享技术知识，优化集成流程，推动学习意愿，提升集成效率。

学习理论认为，从外部获取和交流知识是组织的根本机制，如果知识没有在组织内部进行充分的传播与分享，那么知识的作用就是有限的。为了实现知识转移及知识利用，企业必须存在一种有效的组织结构以支持技术知识的分享。马丁（Martin，2003）的研究表明，松散的结构、临时的部门以及开放性的组织边界有助于企业开展学习活动，提升学习的主动性。盖格（Geiger，2006）认为学习模式有两种回路，即单回路和双回路，单回路是指修正组织运作过程中的错误，但并不对组织的规范、政策、目标加以改变，是一个集权的、机械的结构，趋向于增强过去的行为；双回路是根据企业的实际情况调整规则、目标，探索新的解决方法，使组织的制度和管理流程更适应外部环境的变化，是一个有机的结构，可以促进成员产生学习动力。高孟立（2017）指出，战略柔性对利用式学习、探索式学习及其双元平衡度与服务创新绩效之间的关系均起到正向调节作用。

柔性组织结构的主要特征为开放性和弹性，这些特征使结构边界具有高度的融合性及渗透性，为企业提供充分的信息共享和经验交流。学习是组织在柔性建立的基础上，利用组织可支配资源的内在柔性和有机性反映资源的变化和学习的成果。当目标、需求和人员发生变化时，组织柔性要随之发生调整，全面优化业务流程，最大程度上促进和支持学习任务。集权、僵硬式的组织结构不利于组织成员发展自己的思考方式，更使他们无法完全了解组织的全部信息，而且复杂的单回路学习机制还有可能使组织遵循现有的规范和行为，束缚思维的创新性，影响企业的创新活动。

技术集成过程中更离不开组织柔性的支持与协助。有韧性的组织结构及制度才能在复杂的集成过程中穿透不同的障碍和边界，有效地组建集成团队、配置人员设备、实施组织革新、改善集成流程、消除组织界限、提升创新绩效。技术学习是通过吸收和利用技术知识不断提升创新能力的过程，是一个持续获取和改进的概念，在这个过程中，更需要组织管理制度和结构的支持和配合，尽可能地提供有利的学习氛围和学习愿景，使信息、知识在组织中顺畅流动、传播转移，从而使技术学习与组织要素相匹配，提升企业集成创新绩效。

基于以上分析，本书认为技术学习能力、组织柔性与集成创新绩效三者有着密切的联系，因此提出以下研究假设：

H3.3：组织柔性在技术学习能力与集成创新绩效的关系中起到正向的调节作用。

4.2.3.4 组织柔性在技术系统整合能力与集成创新绩效关系间的调节作用

技术集成化产品一般技术构成异常复杂，包括大量子模块和子系统，在集成过程中需要应用大量的系统知识和领域知识，这在客观上要求组织内部各跨职能部门的紧密合作、相互配合，以促进技术知识的有效转移，使技术系统整合与组织系统整合相匹配，完成企业的集成创新。在技术系统的支持下，企业可以提高经验的分享和技术知识的利用程度，优化作业流程和管理技能，降低损耗和废品返还率，缩减产品的开发周期，从而提升创新绩效。开放性的组织结构有助于企业系统整合能力的优化，促进企业创新行为的实施，进而提升创新绩效。

惯例是为了解决某一特定问题的交互模式，受到情景的约束，具有重复、依赖等行为特征。企业所拥有的技术系统在某种特定情况下可以被看作一种特殊的惯例，在产品研发过程中，各元件技术和子系统会按照程序性记忆，执行各种技术的整合和匹配，减少技术的冗余度，降低损耗率，使企业快速完成技术创新，这种惯例渗透在企业的各要素中，帮助企业获得长期持续的竞争优势。技术系统可以通过自身的修复和完善实现渐进性创新，但当变革性的创新出现时，技术系统的惯例就会很快变得具有危险性，无法适应环境的变化，从而丧失原先的优势。这时就需要组织柔性来打破这种惯例，采用灵活、柔性的管理方式，重新配置资源，增强技术系统对环境变化的反应能力。赫尔法特（2003）通过研究发现，尽管企业拥有完善的技术开发系统和自主产品平台，能够快速开发新产品、实现产品批量化生产，但也正是由于拥有高结构化程序，企业在面对技术环境或市场环境的骤变时，无法适应要素的重新组合和变革，导致企业应对缓慢，市场需求无法得到满足。这些问题的关键在于企业缺乏柔性的组织结构及灵活的管理制度，过于依赖企业惯例，从而限制了企业的发展战略和决策制定。

由于集成各分支技术的匹配性、各技术接口的耦合性要求，企业不仅需要提升技术系统整合能力，还需集成过程中涉及的各跨职能部门的通力合作，增强组织系统的整合能力。扁平化、开放性边界的组织柔性有助于技术系统整合能力的提升，进而影响集成创新绩效。因此，本书认为组织柔性在技术系统整合能力与集成创新绩效间起着正向的调节作用，据此提出以下研究假设：

H3.4：组织柔性在技术系统整合能力与集成创新绩效的关系中起到正向的调节作用。

4.3　研究变量的测量

通过整理以往的相关文献发现，国内外学者对技术集成能力的研究相对匮乏，尤其是缺乏有关测量工具及量表开发方面的研究，更缺乏大规模定量数据的实证检验，这在一定程度上限制了该领域的进一步研究和发展，也致使企业对集成能力理解片面，无法有效提升集成效果。由于技术集成能力量化的相关研究有限，尚未有十分一致、稳定的量表可供参照，本书试图在前人的研究基础上对此作出一些探索性的尝试。

4.3.1　技术监测能力的测量

技术监测能力（Technology Monitoring Capability，TMC）是指企业跟踪、观察、寻求和选取外部先进技术信息的能力。魏江和王毅（1998）认为，构建企业的技术监测能力主要有 3 个必要条件：对技术基础设计和科技环境的分析能力、建立一支较强的技术工程化队伍、拥有一支具有一定宽度和专业化程度信息搜集和处理的队伍。总结以往研究发现，技术监测能力主要受到信息、设备、人员的影响，因此，本书从信息技术（Information Technology，IT）能力、实验能力和集成团队 3 个方面对技术监测能力进行测量。

IT 能力是指企业内部深入理解和有效利用信息技术管理信息的程度，强调信息技术是企业获得竞争优势的基础，IT 能力能够有效调动、配置、利用外部技术资源促进企业自身业务重组从而获取竞争优势；实验能力是运用实验手段综合分析问题和解决问题的能力，一般指基本操作能力、观察思维能力、实验描述（即语言表达）能力，技术集成是一个复杂的过程，需要企业不间断地进行技术监测、反复实验，通过与用户或者开发制造团队的交流获得意见反馈，并针对实验中的错误和反馈意见解决产品设计中的问题，使得整个系统最终能够有效运转；集成团队是一个沟通平台，由管理者、科学家和工程师组成，是一个为执行产品开发、互相分享信息、共同承担责任、完成集成目标而组织的团队，是实施集成的关键，集成团队正是将来自不同专业领域的人员

（"T"型人才）及他们所拥有的知识整合起来，从而确保集成产品开发中所需的不同技能。

鉴于此，本书结合伊恩斯蒂、魏江、朱建忠等学者的研究，在原有测量的基础上对题项进行了合并、删除，并根据研究目的补充丰富了测量题项，共设计了8个题项，从实验能力、IT能力、集成团队3个方面来测量技术监测能力，如表4-1所示。

表4-1 技术监测能力的测量量表

指标	序号	测量题项
实验能力	TMC1	企业拥有先进、完善的实验设备
	TMC2	组织成员拥有较好的逻辑思维能力、实验操作能力
	TMC3	可以及时针对实验中的错误、反馈意见进行改良
IT能力	TMC4	企业拥有较为完善的IT基础设施
	TMC5	组织成员拥有较为丰富的IT资源
	TMC6	企业可以通过IT激活潜在的无形资产
集成团队	TMC7	组织成员中"T"型人才超过50%
	TMC8	组织成员中有先期项目经验的人数超过30%

4.3.2 技术学习能力的测量

企业的技术学习是一个复杂的过程，它贯穿技术集成的整个过程，学习能力的高低直接影响技术集成能力的强弱。企业开展学习技术时将面临很大的不确定性，能否将企业内外部的技术知识很好地整合、吸收、利用并植入企业的技术能力中，是企业技术集成成功与否的关键。

在总结相关文献的基础上，结合技术集成内涵与技术学习过程，本书认为技术学习能力（technology learning capability，TLC）的培养及提升是按照技术获取—吸收—利用的模式进行的。技术获取能力是技术学习过程的起始阶段，主要体现在能够及时准确地辨别各种新技术、响应市场环境的变化，并在面临多个考虑或方案时，做出正确有效的决策；技术吸收能力是在技术获取的基础上，对不同来源的技术加以对比分析、理解消化的能力；技术利用能力是当知识存量积累到一定程度时实现阶段性突破，最终转化为生产实践，为今后的工艺研发、产品生产提供技术保障的能力。在这种周而复始的循环中，个人及组织的思维模式逐步改变，技术学习能力不断攀升。

　　本书主要参考扎赫拉和乔治（2002）对吸收能力的诠释及测量，在结合技术学习能力的内涵及特征的基础上，借鉴陈艳艳、张小娣等人的相关测量指标，共设计了 9 项指标对技术学习能力进行衡量，如表 4 - 2 所示。

表 4 - 2　　　　　　　　　　　技术学习能力的测量量表

指标	序号	测量题项
技术获取能力	TLC1	目前与外部组织（包括顾客、供应商、高等院校等）已建立战略联盟、合作研发关系，以获取所需技术
	TLC2	能快速发现辨别内外各种新技术、新知识、新变化、新机会
	TLC3	在面临多个考虑或方案时，能做出合适和有效的评估和决策
技术吸收能力	TLC4	组成成员具有较强的学习意识和学习行为
	TLC5	组成成员能在企业范围内有效传播和分享知识经验
	TLC6	组成成员善于对不同时段的知识加以对比分析、加工存储
技术利用能力	TLC7	善于利用技术资源开发新的用途，增加新的收入来源
	TLC8	善于改善技术利用的方式或流程，提高顾客满意度和劳动生产力
	TLC9	企业研发新产品的成功率处于同行业的较高水平

4.3.3　技术系统整合能力的测量

　　技术系统整合能力（technology system integration capability，TSIC）是指将企业各分支技术相互融合，使其相互匹配，满足技术系统需求的能力。从管理的角度来看，整合是创造性的融合过程，是将创造性思维注入各要素的结合过程中。技术系统整合不仅仅是将技术要素简单地排列在一起，而是模块或子系统的众多分支技术经过优势互补、整合匹配，形成一个效能最大的有机整体，从而使技术体系与整体环境相适应。

　　本书借鉴了普拉哈拉德、哈默尔、肖玉兰等学者对技术系统整合能力的划分，认为影响技术系统整合能力的主要因素有技术系统匹配度、技术系统冗余度及技术系统中自有核心技术，并设计了 7 个题项对其进行衡量，如表 4 - 3 所示。技术系统匹配度是指技术系统的各分支技术在整合后相互融合、发挥整体最大效用的程度，技术系统匹配度越高，说明各分支技术因集成而产生的冲突和矛盾越小，技术系统的整合能力越强；技术系统冗余度是指技术系统内各分支技术整合后无效、可放弃的技术所占的比例，技术系统冗余度越小，技术系统整合能力越强；技术系统自有核心技术是指企业依靠自身技术能力，通过自主研发而获得的一组先进复杂的、具有较大用户价值的技术和能力，拥有产品相关的核心技术越多，企业技术系统整合能力越强，相应的自主创新能力就越强。

表 4 - 3　　　　　　　　　　技术系统整合能力的测量量表

指标	序号	测量题项
技术匹配度	TSIC1	各分支技术在整合后能够较好地融合并发挥功能
	TSIC2	获取的技术与企业自有技术能较好地匹配运行
技术冗余度	TSIC3	集成后基本不产生副效果或无效果的技术
	TSIC4	集成后分支技术无法用更为简单技术替代
技术系统中自有核心技术	TSIC5	企业申请和获取的专利数处于同行业的较高水平
	TSIC6	企业自主核心技术拥有量处于同行业的较高水平
	TSIC7	企业研发新产品的成功率处于同行业的较高水平

4.3.4　组织柔性的测量

组织柔性（organization flexibility，OF）是具有不断适应和调整能力的组织结构及制度，能有效地降低外部环境的不确定性、降低创新风险，使企业能够快速、敏锐地把握市场机遇，实施技术创新。

对于组织柔性的测量，由于研究视角不同，对组织柔性的构成和分类也各不相同。马丁内斯（Martinez，2009）将组织柔性划分为复杂性、规范性和集权分权性 3 个维度。门达尔什等（Doordarshi et al.，2013）从企业战略方面研究组织柔性，认为资源和能力是构成企业的异质实体，因而组织柔性最基本的支撑要素是资源与能力，所以组织柔性应分为资源柔性和能力柔性。赵小娣和赵嵩正（2012）采用组织集权化和组织正式化程度来衡量组织柔性，并通过实证分析验证，组织结构越趋于非正式化、非集权化，对创新绩效影响越好。刘景东（2013）将组织柔性划分为机械式与有机式。虽然对组织柔性的构成，不同的学者有不同的观点，但规范化（正式化、标准化）程度与组织的权力结构是学者们普遍认可的两个维度。因此，本书认为组织规范化程度和分权化是影响组织柔性的关键要素，这两个特性变量可以用来描述组织柔性特性。

组织的规范化表现在规章制度与程序规则严密、繁多，个人职责范围精确限定、程序化决策内容多等方面。在技术集成过程中必然涉及许多知识学习和创造活动，集成过程具有复杂性，难以观察和难以度量的特征，因而传统的规范化组织结构难以适应这种快速反应的创新活动。技术集成需要组织中不同部门和人员共同努力，组织结构的非标准化程度越高，越易于对各部门进行协调控制，调动组织成员的创新意愿和积极性，为技术集成整合过程的开展提供组织保证。分权化是与集权相对应的，主要强调权力的配置和所属。分权通常意味着组织的权力不是集中在某个成员，而是分散在组织内部。分权化能使相关部门对面紧急状况时及时采用有效措施，并且能更为充分地调动组织成员的工作积极性。组织的各个职能部门间经常性的、开放式的交流对于创新性产品的开发能起到良性影响。企业技术集成实施过程中，不仅需要面对种类繁多的各领域技术知识，还需面对组织内不同层次人员的协调与整合，因此组织的分权程度会影响到决策的及时性和有效性。

本书主要借鉴了刘景东和张小娣对非规范化的测量，并基于研究的具体情况对题项进行了合并和修改，设计了 3 个题项；对分权化的测量主要参考了门达尔什的研究成果，在此基础上补充了一个题项，设计了 4 个题项，最终共设计了 7 个题项对组织柔性进行衡量，如表 4 - 4 所示。

表 4 - 4　　　　　　　　　　组织柔性的测量量表

指标	编号	测量题项
非规范化	OF1	组织内部可以通过非正式关系协作
	OF2	为实现任务目标，在特殊情况下不必拘泥于正式的规章制度
	OF3	组织趋向于由工作需求和员工个性来决定合适的工作行为

指标	编号	测量题项
分权化	OF4	大多数组织成员都能在部门内部分享决策权
	OF5	具有灵活快速的问题解决机制
	OF6	管理者权力下放，各部门实行分权管理
	OF7	组织成员可以参与企业重大决策的制定

4.3.5 集成创新绩效的测量

企业的创新行为不仅为企业创造出经济效益和市场效益，同时还促进了企业相关要素的积累和增长，因此，创新绩效作为创新效果的重要指标，长久以来一直被理论界和实业界所关注。虽然国内外学者对集成创新绩效（integration innovation performance，IIP）展开了大量深入的理论研究及实证研究，但由于技术创新过程具有复杂性，创新方式众多，如何全面地、综合地评价企业集成创新绩效仍未有一个统一的标准。劳尔森（Laursen，2004）分析了企业战略、吸收能力、技术机会和公司特质等因素对企业创新绩效的影响程度，着重指出企业追求开放性很可能会对创新绩效产生反向作用。伊恩斯蒂（2004）以27个计算机产品开发项目为研究目标，分析了技术集成对产品开发绩效的影响。陈劲和陈钰芬（2006）在构建企业技术创新绩效评价指标体系时指出，技术创新活动主要表现为技术不确定性、市场不确定性和战略不确定性。彭灿等（2009）提出，集成创新绩效包括技术创新产出绩效和技术创新过程绩效。徐雨森等（2014）认为，技术搜索、技术选择能力在一定程度上有利于机会窗口的识别，后发企业可以利用机会窗口实现创新追赶。

技术集成是技术创新的一种特殊形式，是成功实现企业技术转型、技术追赶的重要途径之一。集成创新绩效是衡量企业技术集成活动实施效果的关键要素，指标间应具有一定的内在联系且互为补充，其构建体系关系到企业技术集成资源的合理配置，更关系到企业自主创新能力的培养与创新机制的完善。技术集成是一个累积循环的过程，每个阶段都紧密连接，相互支撑，同时影响技术集成实施效果的因素很多，结构复杂，因此，要在体现技术集成特点的同时兼顾其层次性和多样性。

集成创新的主要目的是从外部获取有效的创新资源与企业自身的资源要素相融合，实现技术追赶和技术能力的提升，为企业赚取利润，并为企业的未来发展提供市场机会，获取持久的竞争优势。因此，在衡量创新绩效时不应仅仅只关注新产品开发的技术创新产出绩效（财务绩效），还应重视集成创新的过程绩效方面，即创新管理绩效（机会窗口、技术绩效）。其中，机会窗口的内涵在于创新的成功能否为企业发展提供新的市场机会，具体包括技术机会窗口和市场机会窗口。

本书依据实地调研的反馈意见和技术集成的实际特点，在参考众多学者研究成果的基础上，共设计了 9 个题项，分别从技术绩效、机会窗口和财务绩效 3 个方面对集成创新绩效进行测量，如表 4 - 5 所示。

表 4 - 5　　　　　　　　　　　集成创新绩效的测量量表

指标	编号	测量题项
技术绩效	IIP1	集成创新有助于缩短产品研发时间或延长产品使用寿命
	IIP2	集成创新使企业在技术上持续进步，保持行业领先地位
	IIP3	集成创新中的技术积累使企业内部创新成功率提升
机会窗口	IIP4	集成创新的成功有利于企业获取其他创新源进行开发合作
	IIP5	集成创新积累的经验有助于新项目的实施
	IIP6	集成创新的实施有助于新产品的挖掘、新市场的拓展
财务绩效	IIP7	企业的销售收入达到或超过预期销售收入目标
	IIP8	企业的纯收益达到或超过预期纯收益目标
	IIP9	企业创新收入占投入经费的比例较高

4.4　变量测量的信度与效度评价

鉴于本书是采用问卷调查的方式获取相关数据，所以问卷中所涉及测量变量的设计指标是否能较好地体现该变量含义非常重要。评价一个量表的质量高低通常是对测量变量的信度和效度两个方面进行检验。如果信度和效度不理想，就必须重新设计问卷或者修改和删除部分测量题项，再进行信度和效度分析，直到通过检验为止。

　　为进一步提高调查数据的质量，提高测量量表的信度和效度，本书采用小样本数据进行前测的方式，向技术创新方向专家及部分技术密集型企业发放问卷 60 份，回收填写完整的有效问卷 49 份，有效回收率 81.7%，并根据研究需要，对问卷中各潜变量所包含的观察变量间的关系进行分析，检验量表内部的可靠性及因子结构。

4.4.1　测量评价方法与标准

4.4.1.1　信度评价方法

　　造成测量误差的因素有很多，包括被试因素（如受访者的身心健康情况、动机、注意力、作答态度等）、主试因素（如非标准化的测验程序、暗示、评分的主观性等）、测验情景因素（测验环境条件，如通风、光线、声音、空间等因素）、测验内容因素（试题抽样不当、内部一致性低、题数过少等）。其中，前三项属于测验执行过程的干扰与误差，属于程序性因素；后者属于工具本身的因素，有赖于量表编制的严谨程度。因此，需要提高测量的可靠性，降低测量的误差，并兼顾调查执行的过程。

　　信度即测量的可靠性，是指测量结果的一致性或稳定性。测量误差越大，测量的信度越低，因此，信度亦可视为检验结果受测量误差影响的程度。按理论要求，不同题目的得分应该趋近一致，代表测量具有一定稳定性。

　　常用的信度估计方法主要有再测信度、复本信度、折半信度和内部一致性信度、评分者信度 5 种类型。其中被广泛使用的是内部一致性信度，这种方法由于直接比较测量项目间的同质性，因此其测量误差也是一种内容抽样的结果。

　　内部一致性系数 Cronbach's α 检验每一个因素中各个项目是否测量相同或相似的特性，适用于测量定距尺（如 Likert 量表）的信度，它的公式为：

$$Cronbach's\ \alpha = \frac{k}{k+1}\left(1 - \frac{\sum s_i^2}{s^2}\right) \qquad (4-1)$$

其中，k 表示量表所包括的总测量题项数；s_i 表示每个测验题项得分的方差；s 表示测量总分的方差。一般来说，在基础研究中，Cronbach's α 至少达到 0.8 才可接受，而在探索性研究中，Cronbach's α 只要达到 0.70 就可以接受。本书采用 α 最小为 0.70 的标准。同时，本书运用每个变量的分题项评价总体的相关系数（Corrected Item – Total Correlation，CITC）指标相应的潜变量的可靠性。操作原则是所有变量的 CITC 值都大于 0.5。

4.4.1.2 效度评价方法

效度反映测量样本的意义、价值与应用正确性，测检效度受到多方面因素的影响，包括测量过程因素、样本性质、效标标准和干扰变量等。测量的效度越高，表示测量的结果越接近测量的目的与功能。量表效度的评估通常由内容效度（content validity）和结构效度（construct validity）两方面组成。

内容效度强调测量内容的适用性、涵盖性和全面性，以系统的逻辑方法分析测量题项的内容深度与广度的适切程度，因此，在设计测量项目时必须以理论文献为基础，并参考前人对此的相关研究，通过与专家的探讨，尽力达成测量面向的完整涵盖。本书所有变量测量项目的设置是在总结既有相关理论的基础上构建的，同时参考了一些实证研究对相关变量的测度方法，对前人的量表进行修正后采用；在没有可以直接采用的合适的量表时，则根据概念定义，结合研究问题的实际背景来进行题项设计。然后，就初始调查问卷的每个问题与专家学者、企业技术管理人员进行实地访谈，对变量题项的合理性逐一讨论，从而使得调查问卷能够充分反映企业的实际情况。因此，可以认为本书所开发量表的适切程度较高。

结构效度，又称构建效度，通常反映测量量表的特质程度和行为表现，通过对测量结果与理论假设进行比较，显示测量结果与命题变量之间在理论上的相关性。对测量的工具，人们常选择因子分析法，因子分析最大的功能在于协助研究者进行结构效度的检验，随着统计技术的发展，其已然成为量表编制过程中不可或缺的工具。

因子分析是因素效度的技术检验方法，具体包括寻求因素结构与关系的探索性因子分析（Exploratory Factor Analysis，EFA）和检验理论结构的验证性因子分析（Confirmatory Factor Analysis，CFA）。EFA 主要被用来寻找一组变量背后潜藏的因素结构关系，适合在测验开发的初期使用；CFA 是在已经提出某种特定结构关系的假设时，被用来确认数据的模式是否与假设相符合，具有理论检验与确认的功能。EFA 所要达成的主要是建立量表或问卷的结构效度，因此，在对小样本数据进行预测试时只需采用 EFA 进行结构效度检验即可。在进行探索性因子分析前，首先应对样本进行 KMO Bartlett 检验，以判断样本是否适用于因子分析。一般认为，KMO 值在 0.5 以下、Bartlett 检验的统计值不显著时，不适合进行探索性因子分析。

本书依据上述原则进行探索性因子分析，并将题项所属因子负荷小于 0.5，或者出现横跨因子现象，即在两个或两个以上因子的载荷大于 0.5 的题项予以删除，以提高测量量表的结构效度。

4.4.2　量表的信度分析

4.4.2.1　技术集成能力量表的信度分析

本书对开发的技术集成能力测量量表进行信度分析，结果如表 4－6 所示，技术监测能力 8 个测量题项的 Cronbach's α 系数为 0.870，其中 TMC4 项的 CITC 指数为 0.414，小于 0.5，删除这个测量题项后，Cronbach's α 从 0.870 上升到 0.898，因此将这个测量题项予以删除；技术学习能力 9 个测量题项的 Cronbach's α 系数为 0.896，其中 TLC4 项的 CITC 指数为 0.341，小于 0.5，删除这个测量题项后，Cronbach's α 系数从 0.898 上升到 0.919，因此将这个测量题项予以删除；技术系统整合能力 7 个测量题项的 CITC 指数也均大于 0.5，且 Cronbach's α 系数为 0.894，亦表明技术系统整合能力量表符合要求。

表 4－6　　　　　　　　　　技术集成能力的信度检验

变量	测量题项	CITC	删除题项后 Cronbach's α	Cronbach's α
技术监测能力（TMC）	TMC1	0.713	0.846	0.870
	TMC2	0.728	0.844	
	TMC3	0.792	0.837	
	TMC4	**0.414**	0.898	
	TMC5	0.569	0.860	
	TMC6	0.754	0.839	
	TMC7	0.641	0.855	
	TMC8	0.649	0.853	

续表

变量	测量题项	CITC	删除题项后 Cronbach's α	Cronbach's α
技术学习能力（TLC）	TLC1	0.851	0.868	0.896
	TLC2	0.691	0.882	
	TLC3	0.696	0.882	
	TLC4	**0.341**	0.919	
	TLC5	0.725	0.883	
	TLC6	0.729	0.880	
	TLC7	0.707	0.880	
	TLC8	0.639	0.886	
	TLC9	0.790	0.874	
技术系统整合能力（TSIC）	TSIC1	0.744	0.873	0.894
	TSIC2	0.668	0.882	
	TSIC3	0.690	0.879	
	TSIC4	0.690	0.881	
	TSIC5	0.646	0.884	
	TSIC6	0.701	0.878	
	TSIC7	0.745	0.873	

4.4.2.2　组织柔性量表的信度分析

组织柔性量表信度分析如表 4 - 7 所示，组织柔性的测量维度之一的非规范化 3 个测量题项的 CITC 指数均大于 0.5，且 Cronbach's α 系数为 0.874；另一个维度分权化的 4 个测量题项的 CITC 指数均大于 0.5，且 Cronbach's α 系数为 0.824。从上述数据中可以看出，本书所开发的组织柔性量表可信程度较高。

表 4-7   组织柔性的信度检验

变量	测量题项	CITC	删除题项后 Cronbach's α	Cronbach's α
非规范化	OF1	0.738	0.840	0.874
	OF2	0.808	0.776	
	OF3	0.735	0.844	
分权化	OF4	0.649	0.777	0.824
	OF5	0.623	0.789	
	OF6	0.681	0.762	
	OF7	0.639	0.782	

4.4.2.3 集成创新绩效量表的信度分析

如表 4-8 所示,企业集成创新绩效的 3 个维度方面,技术绩效、机会窗口和财务绩效的 Cronbach's α 系数分别为 0.789、0.792、0.880,且所有测量题项的 CITC 指数均大于 0.5,可以得出本书所开发的集成创新绩效的测量量表具有较高的可信度。

表 4-8   企业集成创新绩效的信度检验

变量	测量题项	CITC	删除题项后 Cronbach's α	Cronbach's α
技术绩效	IIP1	0.605	0.744	0.789
	IIP2	0.664	0.676	
	IIP3	0.637	0.716	
机会窗口	IIP4	0.604	0.794	0.792
	IIP5	0.670	0.677	
	IIP6	0.631	0.720	
财务绩效	IIP7	0.882	0.779	0.880
	IIP8	0.798	0.805	
	IIP9	0.702	0.890	

4.4.3　量表的探索性因子分析

4.4.3.1　技术集成能力量表的探索性因子分析

本书所设计的技术集成能力量表通过 KMO 样本充分性测度和巴特莱特（Bartelett）球体检验，检验结果如表 4 – 9 所示，KMO 值为 0.851，并通过显著性概率检验，说明该量表具有较高的结构效度，数据适合进行因子分析。

表 4 – 9　　　　　　技术集成能力的 KMO 值和 Bartlett 球体检验

取样足够度的 Kaiser – Meyer – Olkin 度量		0.851
Bartlett 的球形度检验	近似卡方	802.138
	自由度 df	231
	显著性概率 Sig.	0.000

通过正交旋转后得到的因子分析结果如表 4 – 10 所示，有 3 个因子被识别出来，且每个因子的载荷系数均高于建议的最低临界水平 0.5，与预先设计的相符，这 3 个因子即技术集成能力的 3 个构成维度：技术监测能力、技术学习能力、技术系统整合能力。从最终的 3 个技术集成能力因子来看，其中最具有解释力的是技术学习能力（解释量为 23.962%），其次是技术监测能力（解释量为 22.886%），最后是保证各分支技术匹配、融合的技术系统整合能力（解释量为 19.991%），一共解释了总方差变异的 66.820%。

表 4 – 10　　　　　　技术集成能力因子旋转成分矩阵

变量	成分		
	1	2	3
TMC1	0.212	0.740	0.325
TMC2	0.245	0.760	0.236
TMC3	0.229	0.736	0.204
TMC5	0.435	0.547	0.115

变量	成分		
	1	2	3
TMC6	0.278	0.751	0.279
TMC7	0.232	0.636	0.328
TMC8	0.204	0.675	0.295
TLC1	0.748	0.461	0.154
TLC2	0.743	0.210	0.266
TLC3	0.633	0.425	0.215
TLC5	0.573	0.418	0.216
TLC6	0.710	0.425	0.175
TLC7	0.712	0.084	0.404
TLC8	0.756	0.131	0.126
TLC9	0.685	0.343	0.380
TSIC1	0.385	0.457	0.595
TSIC2	0.171	0.383	0.663
TSIC3	0.100	0.377	0.759
TSIC4	0.138	0.243	0.778
TSIC5	0.453	0.186	0.659
TSIC6	**0.522**	0.144	**0.684**
TSIC7	0.439	0.305	0.701
方差贡献率（%）	23.962	22.886	19.991
累计已解方差（%）	23.879	46.828	66.820

依据前述相关规则，其中 TSIC6 项需要根据结构效度的评价准则进行删除，因为它的因子载荷在两个主因子中均大于 0.5，说明该测量题项反映的意义不明确，均予以删除。

4.4.3.2　组织柔性量表的探索性因子分析

组织柔性量表通过 KMO 样本充分性测度和巴特莱特球体检验，检验结果如表 4 – 11 所示，KMO 值为 0.852，并通过显著性概率检验，说明该量表具有较高的结构效度，数据适合进行因子分析。

表 4 – 11　　　　　　组织柔性的 KMO 值和 Bartlett 球体检验

取样足够度的 Kaiser – Meyer – Olkin 度量		0.852
Bartlett 的球形度检验	近似卡方	161.703
	自由度 df	21
	显著性概率 Sig.	0.000

组织柔性测量变量通过正交旋转后识别出两个因子，每个因子的载荷系数均高于建议的最低临界水平 0.5，与预先设计的组织柔性测量的维度相符，从表 4 – 12 可以看出，非规范化的解释量为 37.487%，分权化的解释量为 35.056%，一共解释了总方差变异的 72.543%。

表 4 – 12　　　　　　组织柔性因子旋转成分矩阵

变量	成分	
	1	2
OF1	0.130	0.894
OF2	0.341	0.854
OF3	0.390	0.785
OF4	0.706	0.395
OF5	0.730	0.279
OF6	0.805	0.235
OF7	0.718	0.138
方差贡献率（%）	37.487	35.056
累计已解方差（%）	37.487	72.543

4.4.3.3　集成创新绩效量表的探索性因子分析

集成创新绩效量表通过 KMO 样本充分性测度和巴特莱特球体检验，检验结果如表 4 – 13 所示，KMO 值为 0. 790，并通过显著性概率检验，说明该量表具有较高的结构效度，数据适合进行因子分析。

表 4 – 13　　　　　企业创新绩效的 KMO 值和 Bartlett 球体检验

取样足够度的 Kaiser – Meyer – Olkin 度量		0. 790
Bartlett 的球形度检验	近似卡方	194. 185
	自由度 df	36
	显著性概率 Sig.	0. 000

集成创新绩效测量变量通过正交旋转后得到的因子分析结果如表 4 – 14 所示，有 3 个因子被识别出来，且每个因子的载荷系数均高于建议的最低临界水平 0. 5，与预先设计的相符，这 3 个因子即企业创新绩效的 3 个构成维度：技术绩效、机会窗口及财务绩效。从最终的 3 个因子来看，其中最具有解释力的是财务绩效（解释量为 27. 395%），其次是机会窗口（解释量为 24. 008%），最后是技术绩效（解释量为 23. 480%），一共解释了总方差变异的 74. 883%。

表 4 – 14　　　　　技术集成能力因子旋转成分矩阵

变量	成分		
	1	2	3
IIP1	0. 221	0. 147	0. 784
IIP2	0. 258	0. 227	0. 784
IIP3	0. 004	0. 259	0. 862
IIP4	0. 162	0. 770	0. 192
IIP5	0. 059	0. 858	0. 200
IIP6	0. 234	0. 767	0. 223
IIP7	0. 907	0. 138	0. 144
IIP8	0. 912	0. 067	0. 129
IIP9	0. 782	0. 282	0. 197
方差贡献率（%）	27. 395	24. 008	23. 480
累计已解方差（%）	27. 395	51. 403	74. 883

4.5　本 章 小 结

　　本章在前文技术集成能力作用机理分析框架的基础上构建了技术集成能力对集成创新作用机理的理论模型，通过分析技术集成能力与集成创新绩效的关系、技术集成能力 3 个维度之间的关系、组织柔性作为调节变量对技术集成能力与集成创新绩效的作用关系，提出了企业技术集成能力作用机理相应的理论假设。在借鉴前人的研究上，开发了技术集成能力、组织柔性及集成创新绩效的测量量表，并针对量表进行了初步的信度和效度检验，验证了量表开发的有效性和适用性。

第 5 章

技术集成能力对集成创新绩效作用机理的实证研究

5.1　调查问卷的设计

　　本书所需数据为微观层次技术创新数据，此类数据无法从企业的年报或其他数据库中获得，需要通过问卷调查的途径获取。调查问卷的内容和结构设计是否合理直接关系到本书结论的实用性及可准确性。调查问卷的设计要求一定的技巧性、灵活性和创新性，应体现功能性、效率性和可维护性等原则。本书在考虑这些设计原则的基础上，请教多位技术创新管理专家进行指导，依据反馈结果，修改了问卷的结构和题项内容；通过对调研企业的走访，与企业高层及技术人员探讨研究变量的运用价值与内涵，并根据企业的经验及建议，修改和补充变量的测量题项、调整问卷中存在的语句歧义和表达逻辑不合理之处，排除难以理解或表达不够准确的题项，从而形成最终的调查问卷；采用主观感知方法，问卷设计的所有题项均采用 Likert 5 级量表形式，1～5 依次表示从与企业实际情况完全不符合到完全符合的过渡，要求被调查者对某一问题的现实状况进行评估。

　　本书的数据来自为该研究所专门设计的"企业技术集成能力调查"问卷。考虑到问卷设计越长，回收率越低的反馈率问题，问卷的题项不宜过长，同时还考虑到测量题项的可靠性和准确性，各题项的评价指标按照指标设计原则，尽可能体现指标的综合性和具体性，因此也不宜过少。鉴于以上原因，本书每个变量所设计的测量指标不超过 10 个，整个调查问卷共 47 项问题。具体内容分 3 部分：第一部分为背景情况调查，包括被调查者所在企业性质、工作时间、个人学历、工作部门等 10 个题项；第二部分是有关企业技术集成能力和组织柔性的相关问题调查，其中技术集成能力共 3 个维度 21 个题项，组织柔性包括非规范化和分权化 2 个维度 7 个题项；第三部分是企业集成创新绩效的评价调查，包括技术绩效、机会窗口、财务绩效 3 个维度 9 个题项。

5.2　研究数据的收集过程

5.2.1　样本容量的确定

样本容量又称"样本数"，是统计检验中非常重要的要素指标，在抽样调查中，样本的大小会直接影响调查结果的准确性和真实性，也会影响抽样误差的大小，因此，对样本容量的确定应该保证样本指标具有充分的代表性。

统计学分析中通常会使用大样本概念，但究竟容量为多少一直没有一个统一、固定的标准。样本容量的确定要考虑很多因素，包括调研目标和性质、变量个数、资源限制和选取方法等。本书主要采用多元统计分析和结构方程模型对样本数据进行分析，因此要综合考虑多种分析方法所适用的样本范围。

结构方程模型（Structural Equation Modeling, SEM）是一种验证性分析方法，主要用于分析变量间的复杂关系，常使用极大似然法对参数进行估计，需要多向度指标的综合运用，如果样本容量过少，就会影响测量结果的稳定性，因此 SEM 同其他统计分析方法一样，适用于大样本分析。但并不是样本数越大越好，在 SEM 适配度检验中，卡方值容易受到样本容量的影响，使样本数与整体模型适配度不相匹配，无法反映假设模型的正确性。本特勒（Bentler, 1987）认为，符合正态或椭圆分布的测量变量应至少满足 5 个样本需求，其他分布则要满足 10 个以上。穆勒（Mueller, 1997）认为，若使测量模型变量数与样本容量相平衡，则样本数与变量数的对应比例至少满足在 5∶1 至 10∶1 之间。

为遵循上述 SEM 样本容量原则，考虑到样本容量选择中有关成本约束和样本容量关系的经济性原则，最大程度上保证实证研究的合理性，本书用于结构方程分析的变量的测量项目为 37 个，因此，总体研究样本在 185 个以上便可。

5.2.2 研究数据的收集

装备制造业是为满足国民经济各部门发展和国家安全需要而提供各种生产技术装备的产业总称，是国民经济发展的重要基础，也是关系到国计民生和国家安全的战略性产业。经过多年的发展，我国装备制造业经历了从无到有、从仿制普通机械产品到自行设计制造尖端大型成套设备的过程，设计制造水平不断提高。但与世界先进水平相比，在面临高技术含量和高附加值的产品，特别是一些关键技术产品和重大技术装备时，不得不依赖外部技术资源。同时，由于装备制造业具有复杂产品系统成本高、技术构成复杂、包含大量子系统和原件等特征，其创新行为不同于一般行业产品，创新涉及大量技术信息，导致在集成过程中需要企业技术系统和资源能力的支持。因此，利用技术集成能力整合内外部资源，逐步掌握产品及工艺的核心技术，突破产品开发中遇到的技术瓶颈，实现产品系统上的集成创新，这是现阶段我国装备制造业企业实现自主创新的重要途径。鉴于此，本书的被调查企业以装备制造业为主。

本书是基于企业层面，所以样本以企业为单位。由于企业调研的难度较大，为确保调研能够获取企业的准确信息，保证较高的回收率，笔者将调查的范围确定为我国东北地区，以黑龙江省、辽宁省为主，并请该地区的人员协助进行问卷的调查和回收。由于被调研的企业所提供的数据将直接影响调查结论，所以本书在选择调查对象时也会有所要求：一是被调查的企业要有较明显的技术集成活动，或者将技术集成作为企业实现自主技术创新的主要发展途径；二是企业的集成创新活动比较活跃，有较为显著的创新成果，并利用此成果实现企业价值的增值；三是由于企业的技术集成能力是组织层面的变量，因此要求作答者比较全面地了解企业的技术状况、组织结构、创新绩效及行业的整体发展趋势，为保证研究目的和问卷信度的要求。本书的调查对象主要是企业技术主管及中高层管理者。

本次调查主要采用走访调查和电子问卷两种方式。通过对调研企业的走访调查，与被调研企业人员面对面进行交流，获取相关数据，进一步补充和修改调查问卷。以电子邮件的形式将问卷发给被调查者，说明情况，直接回收信息。本次关于企业技术集成能力相关调查共发放问卷300份，其中以实地调研方式发放问卷120份，以电子邮件方式发放问卷180份，共回收问卷267份，问卷回收率达到了89%。对回收的问卷再进行严格的筛选和检查，将不认真作答、填写雷同和因电子邮件传送过程中出现乱码或格式信息不对的问卷予以删除，最终有效问卷共计231份，占回收问卷的86.5%。据此，样本数量与观察变量的数量比例大致为7∶1，符合国内外学者关于结构方程研究样本容量的基本要求。本次调查主要涉及的领域包括：交通运输设备制造业（23.6%）、通用设备制造业（19.8%）、专用设备制造业（17.3%）、电器机械及器材制造业（19.7%）、通信设备和计算机及其他电子设备制造业（12.3%）、仪器仪表及文化办公用机械制造业（7.3%）六大装备制造行业。

5.3　样本数据分析

5.3.1　描述性统计分析

5.3.1.1　数据均值和标准差

首先对问卷调查所获数据进行描述性统计分析，通过计算各指标的均值和标准差来反映所测变量的基本分布情况和离散程度。样本均值又叫样本均数，反映数据的集中趋势或平均水平，即表示被调查者对各变量题项的统一程度；标准差作为统计分布程度上的测量指标，反映组内个体间的离散程度。标准差越大，说明数据的离散程度越大，差异性也越大，均值的代表性越不好，这里可以用以表示被调查者对调查问题所感知的相似性。表5-1~表5-3是各变量描述性统计分析的结果。

表 5-1　　　　　　　　　技术集成能力指标的描述性统计指标

指标		均值	标准差
技术监测能力 （TMC）	TMC1	3.91	0.776
	TMC2	3.51	0.836
	TMC3	3.56	0.811
	TMC5	3.58	0.956
	TMC6	3.45	1.015
	TMC7	3.58	0.762
	TMC8	3.71	0.762

续表

指标		均值	标准差
技术学习能力（TLC）	TLC1	3.69	1.052
	TLC2	3.40	0.873
	TLC3	3.49	0.879
	TLC5	3.56	0.714
	TLC6	3.56	0.856
	TLC7	3.31	1.153
	TLC8	3.44	1.050
	TLC9	3.56	0.918
技术系统整合能力（TSIC）	TSIC1	3.25	0.927
	TSIC2	3.45	0.997
	TSIC3	3.18	0.983
	TSIC4	3.31	0.836
	TSIC5	3.31	0.979
	TSIC7	3.15	1.026

表 5 - 2   组织柔性指标的描述性统计指标

指标		均值	标准差
非规范化	OF1	3.25	0.985
	OF2	3.04	1.053
	OF3	3.71	0.896
分权化	OF4	4.20	0.803
	OF5	4.18	0.841
	OF6	4.22	0.971
	OF7	4.02	0.871

表 5 − 3   集成创新绩效指标的描述性统计指标

指标		均值	标准差
技术绩效	IIP1	3.31	0.690
	IIP2	3.33	0.747
	IIP3	3.62	0.828
机会窗口	IIP4	3.51	0.717
	IIP5	3.38	1.045
	IIP6	3.56	0.811
财务绩效	IIP7	3.76	0.793
	IIP8	3.65	0.821
	IIP9	3.67	0.747

从表 5 − 1 可以看出，测量技术集成能力各题项的均值分布在 3.15 ~ 3.91，说明样本企业的技术集成能力还是相对较高的。其中，相对较高的是技术监测能力，表明大部分企业比较重视利用信息化监测外部环境、获取最新技术信息；其次是技术学习能力，说明企业已认识到技术在不同个体间吸收、转移的重要性；平均值相对较低的是技术系统整合能力，这表明现阶段企业的技术系统构建得并不完善，外部技术与内部技术并不能很好融合，因此导致集成创新效果偏低。从数据中还可以看出各题项的标准差比较接近，说明问卷填写人员对调查问题所感知的相似性较高。

从表 5 − 2 可以看出，测量组织柔性题项的均值分布在 3.04 ~ 4.22，表明样本企业组织结构及制度的柔性化管理水平相对较高。其中，分权化程度比非规范化程度略高，说明企业越来越重视权责合一的重要性，使更多人参与到具体决策当中。

从表 5 − 3 可以看出，集成创新各题项均值分布在 3.31 ~ 3.76，说明企业集成创新绩效整体水平较高。但是数据还表明，在不同因素的作用下，集成创新绩效的 3 个维度具体表现不同，其中，均值较高的是财务绩效，说明企业利用技术集成获取的收益还是比较可观的；其次是为企业提供新市场机会、创新资源的机会窗口；均值较低的是技术绩效，这也进一步表明集成创新在技术融合和匹配方面仍需要加强。

5.3.1.2 数据的正态性分布

符合多变量正态性假定是结构方程模型分析样本数据的前提条件。因此，在进行数据处理前首先应对数据进行正态性检验。偏度和峰度两个要素是检验数据正态分布的主要两项指标，当偏度绝对值小于3，峰度绝对值小于10时，可以认定基本符合正态分布。样本企业变量测量题项的偏度和峰度描述性统计量如表5－4所示，表明样本数据通过正态性检验，可以进行下一步分析。

表5－4　　　　　　　　　　　　数据的正态分布

变量	测量题项	偏度	偏度标准误差	峰度	峰度标准误差
技术监测能力 （TMC）	TMC1	0.161	0.322	－ 1.305	0.634
	TMC2	0.168	0.322	－ 0.896	0.634
	TMC3	0.111	0.322	－ 0.459	0.634
	TMC5	0.021	0.322	－ 0.919	0.634
	TMC6	0.073	0.322	－ 1.059	0.634
	TMC7	－ 0.157	0.322	－ 0.211	0.634
	TMC8	0.031	0.322	－ 0.440	0.634
技术学习能力 （TLC）	TLC1	－ 0.528	0.322	－ 0.085	0.634
	TLC2	－ 0.374	0.322	0.871	0.634
	TLC3	0.029	0.322	－ 0.630	0.634
	TLC5	－ 0.390	0.322	－ 0.016	0.634
	TLC6	0.071	0.322	－ 0.591	0.634
	TLC7	－ 0.265	0.322	0.624	0.634
	TLC8	－ 0.772	0.322	0.252	0.634
	TLC9	0.103	0.322	0.808	0.634
技术系统整合能力 （TSIC）	TSIC1	0.329	0.322	0.660	0.634
	TSIC2	0.246	0.322	0.970	0.634
	TSIC3	－ 0.016	0.322	－ 0.334	0.634
	TSIC4	0.538	0.322	－ 0.098	0.634
	TSIC5	－ 0.053	0.322	－ 0.603	0.634
	TSIC7	－ 0.088	0.322	－ 0.378	0.634

变量	测量题项	偏度	偏度标准误差	峰度	峰度标准误差
组织柔性（OF）	OF1	−0.180	0.322	−0.354	0.634
	OF2	−0.272	0.322	−0.520	0.634
	OF3	−0.182	0.322	−0.680	0.634
	OF4	−1.052	0.322	1.172	0.634
	OF5	−1.524	0.322	3.559	0.634
	OF6	−1.354	0.322	2.050	0.634
	OF7	−1.082	0.322	1.843	0.634
集成创新绩效（IIP）	IIP1	−0.146	0.322	−0.367	0.634
	IIP2	−0.069	0.322	−0.380	0.634
	IIP3	0.014	0.322	0.521	0.634
	IIP4	0.124	0.322	−0.169	0.634
	IIP5	−0.128	0.322	−0.435	0.634
	IIP6	0.111	0.322	−0.459	0.634
	IIP7	−0.240	0.322	−0.260	0.634
	IIP8	−0.103	0.322	−0.446	0.634
	IIP9	−0.208	0.322	1.04	0.634

5.3.2　验证性因子分析

5.3.2.1　验证性因子分析的概述及评判标准

　　EFA 的主要目的在于对测量量表因子结构模型的确认，需要考虑因子的多少、结构及因子负荷的组型等，并非对理论构建进行检验。相比之下，CFA 分析的进行则必须有特定的理论点或概念构架作为基础，借由数学程序来确认评估该理论观点所导出的计量模型是否适当、合理，偏向于理论的验证程序。为了检验最终结果的因子构成是否与初始的模型构建相一致，在结构方程模型中会对不同样本进行检验，进一步衡量指标变量是否可以有效作为潜在变量的测量变量。一般而言，CFA 是进行整合性结构方程模型分析的一个前置步骤或基础构架，学者们更倾向于采用 CFA 进行测量信度和效度的评价。

（1）信度分析。CFA 模型的信度估计，基本延续了古典测量理论的观点，将信度视为真实数据所占的比例。组合信度（Composite Reliability，CR）又称构念信度，是通过计算标准化估计值中指标因素负荷量与误差变异量来估算的，是检验潜在变量的一致性指标。在 SEM 分析中，主要采用组合信度对模型潜在变量的信度进行检验。

组合信度作为检验潜在变量的信度指标，计算时要利用标准化估计值报表中的指标因子负荷量与误差变异量来估算。一般情况下，当潜在变量的组合信度值在 0.50 以上时，认为潜在变量的组合信度良好，模型具有稳定性，内在质量理想。组合信度的计算如式（5-1）所示：

$$CR = \frac{\left(\sum \lambda \right)^2}{\left(\sum \lambda \right)^2 + \sum \theta} \tag{5-1}$$

其中，CR 为组合信度，λ 为指标因素负荷量，θ 为观察变量的误差变异量。

（2）效度分析。效度检验主要包括内容效度和结构效度，其中，结构效度又可分为聚敛效度（convergent validity）和区辨效度（discriminated validity）。聚敛效度是指测量同一特征结构的测量指标的各观测变量之间的一致性程度。测量题项的因素负荷量越高，越能反映潜在变量的能力，越能解释观测变量的变异程度，因此，通常用平均变异萃取量（Average Variance Extracted，AVE）对聚合效度进行检验。AVE 数值越大，潜在变量变异量占总变异的百分比越大。一般情况下，当 AVE 大于 0.5 时，表示指标变量能有效反映其潜在变量，潜在变量的聚敛程度很高，具体计算公式如式（5-2）所示：

$$AVE = \frac{\sum \lambda^2}{\sum \lambda^2 + \sum \theta} \tag{5-2}$$

其中，AVE 为平均变异萃取量，λ 为指标因素负荷量，θ 为观察变量的误差变异量。

区辨效度是指测量不同因素结构的测量指标变量会落在不同因素构念上，即不同的构念之间必须能够有效分离。本书运用平均变异萃取量对变量的区辨程度进行估算，即平均变异萃取量的平方根必须大于其相关系数，或两个潜在变量的平均变异萃取量平均值和其相关系数的平方进行比较，如果前者大于后者，则表示测量变量具有区辨效度。

（3）整体模型适配度指标。评价模型是否可以被接受，关键在于判断所构建的模型是否能够反映观测数据的共变结构，称为模型适配检验（Test of Goodness Offit）。由于适配具有不同意义，SEM 整体模型适配度的评价指标可由绝对适配统计量、相对或增值适配统计量和简约适配统计量构成。具体如下所示。

卡方自由度比值。卡方自由度比值对自由度和卡方值同时进行考虑，将其作为模型适配度是否契合的指标。由于该项指标容易受到样本容量的影响，在具体应用中，应参考其他适配度指标，对模型是否可以被接纳进行综合判断。卡方自由度比值介于 2.0 到 3.0 时，可接受模型。但是由于其受样本大小的影响，在判断模型时应结合其他适配度指标进行综合判断。

渐进残差均方和平方根（Root Mean square Error of Approximation，RMSEA）。RMSEA 是非常重要的适配度指标信息，是一个不需要基准线模型的绝对性指标，其值愈小，表示模型适配度愈佳。通常情况下，RMSEA 大于 0.10 时，表示模型适配度欠佳，模型拟合效果不能接受；RMSEA 介于 0.08 ~ 0.10 间，表示模型尚可接纳；在 0.05 ~ 0.08 之间表示模型良好；小于 0.05 时，则表示模型适配度非常好，理论模型可以接受。

良适性适配指数（Goodness-of-Fit Index，GFI）。GFI 用来显示观察矩阵中方差与协方差可被复制矩阵预测所得量。GFI 数值介于 0 ~ 1 之间，其数值越接近 1，说明模型的适配程度越佳。一般判别标准为 GFI > 0.90。

规准适配指数（Normed Fit Index，NFI）。NFI 用来比较假设模型与虚无模型之间的卡方值距离。NFI 数值介于 0 ~ 1 之间，其数值越接近 1，说明模型的适配程度越佳。一般判别标准为 NFI > 0.90。

增值适配指数（Incremental Fit Index，IFI）。IFI 是处理样本量大小的指标。IFI 数值介于 0 ~ 1 之间，其数值越接近 1，说明模型的适配程度越佳。一般判别标准为 IFI > 0.90。

比较适配指数（Comparative Fit Index，CFI）。CFI 用来比较假设模型与虚无模型之间的拟合程度，一般不受样本容量的影响。CFI 数值介于 0 ~ 1 之间，其数值越接近 1，说明模型的适配程度越佳。一般判别标准为 CFI > 0.90。

简约调整后的规准适配指数（Parsimony-adjusted NFI，PNFI）较 NFI 更适合用作判断模型的精简程度，运用在不同自由度模型间的比较。一般情况下，若 PNFI > 0.50，表明模型在可接受范围内。

简约适配度指数（Parsimony Goodness-of-Fit，PGFI），其性质与 PNFI 指数相同，一般情况下，PGFI 数值介于 0 ~ 1 之间，其数值越接近 1，表明该模型的适配度越佳，一般采用 PGFI > 0.50 的标准。

5.3.2.2 技术集成能力的验证性因子分析

企业技术集成能力由 3 个潜变量构成，分别是技术监测能力、技术学习能力及技术系统整合能力。其中，技术监测能力有 7 个测量指标，技术学习能力有 8 个测量指标，技术系统整合能力有 6 个测量指标。结构方程模型中技术集成能力验证性因子分析模型如图 5-1 所示。

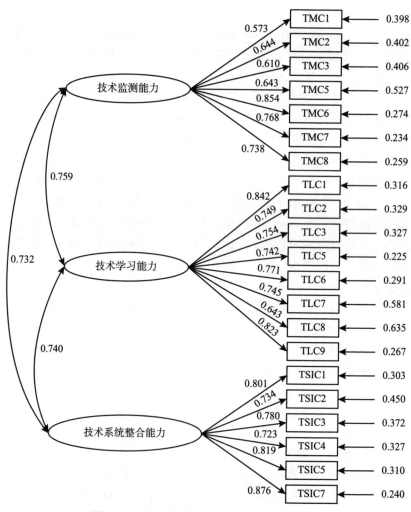

图 5-1 技术集成能力验证性因子分析模型

对技术集成能力进行验证性因子分析，结果如表 5 - 5 所示。首先，在信度方面，技术监测能力、技术学习能力和技术系统整合能力 3 个潜变量的组合信度分别为 0.868、0.916、0.909，均满足大于 0.5 的最低标准，可以认为技术集成能力通过信度检验。其次，在效度方面，首先是聚敛效度，3 个潜变量的平均方差（AVE）分别为 0.588、0.579、0.627，均满足 AVE 大于 0.5 的基本要求，说明各潜变量拥有足够的解释力，通过聚敛效度检验。再次，是区辨效度，技术监测能力、技术学习能力和技术系统整合能力之间的相关系数分别分别为 0.759、0.740、0.732，各相关系数的平方计算值为 0.576、0.548、0.536，均小于其相应的 AVE 均值 0.583、0.603、0.608，说明各潜变量具有很好的区别度，通过区辨效度检验。最后，从模型适配度指标来看，各测量题项效果的回归系数均达到显著水平，且各项适配度指数均达到要求，其中，卡方值自由度比值为 1.348 < 3.000，渐进残差均方和平方根 RMSEA 值为 0.08，基准线比较适配统计量指数 CFI、IFI、TFI 均大于 0.90，PGFI、PNFI 大于 0.5，以本特勒（Bentler，1987）的研究为基准，表明该测量模型的拟合效果较好，测量模型及其参数估计有效。

表 5 - 5　　　　　　　　技术集成能力验证性因子分析结果

变量	测量题项	标准化系数	T 值（C.R.）	CR	AVE
技术监测能力（TMC）	TMC1	0.573	4.050	0.868	0.588
	TMC2	0.664	4.556		
	TMC3	0.610	4.292		
	TMC5	0.643	4.589		
	TMC6	0.854	6.162		
	TMC7	0.768	5.555		
	TMC8	0.738	—		
技术学习能力（TLC）	TLC1	0.842	7.254	0.916	0.579
	TLC2	0.749	6.198		
	TLC3	0.754	6.141		
	TLC5	0.742	6.055		
	TLC6	0.771	6.469		
	TLC7	0.745	6.297		
	TLC8	0.643	5.173		
	TLC9	0.823	—		

变量	测量题项	标准化系数	T 值（C. R.）	CR	AVE
技术系统整合能力（TSIC）	TSIC1	0.801	7.231	0.909	0.627
	TSIC2	0.743	6.360		
	TSIC3	0.780	6.940		
	TSIC4	0.723	6.229		
	TSIC5	0.819	7.953		
	TSIC7	0.876	—		

χ^2/df	RSMEA	GFI	IFI	NFI	CFI	PNFI	PGFI
1.348	0.080	0.933	0.911	0.925	0.908	0.642	0.590

5.3.2.3　组织柔性的验证性因子分析

组织柔性由非规范化和分权化两个潜变量构成。其中，非规范化有 3 个测量指标，分权化有 4 个测量指标。结构方程模型中组织柔性验证性因子分析模型如图 5 - 2 所示。

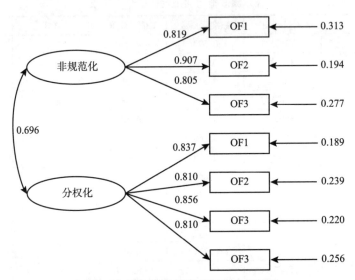

图 5 - 2　组织柔性验证性因子分析模型

对组织柔性的验证性因子分析模型进行分析，结果如表 5 - 6 所示。针对因子信度而言，两个潜变量的组合信度分别为 0.882、0.898，均满足大于 0.5 的最低标准，可以认为测量变量通过信度检验。对于因子聚敛效度，两个潜变量的 AVE 分别为 0.714、0.686，均满足 AVE > 0.50 的要求，表明各潜变量的测量有足够的聚敛效度；对于因子区辨效度，两个潜变量之间的相关系数为 0.696，其平方值为 0.484，小于 AVE 的均值 0.700，说明测量具有很好的区辨效度。最后，从模型的拟合效果来看，各测量题项效果的回归系数均达到显著水平，且各项适配度指数均达到要求，表明该测量模型的拟合效果很好，测量模型及其参数估计有效。

表 5 - 6　　　　　　　　　　组织柔性验证性因子分析结果

潜变量	测量题项	标准化系数	T 值（C. R.）	CR	AVE
非规范化	OF1	0.819	—	0.882	0.714
	OF2	0.907	7.682		
	OF3	0.805	6.575		
分权化	OF4	0.837	—	0.898	0.686
	OF5	0.810	6.821		
	OF6	0.856	7.313		
	OF7	0.810	6.901		

χ^2/df	RSMEA	GFI	IFI	NFI	CFI	PNFI	PGFI
0.917	0.000	0.946	1.004	0.953	1.000	0.590	0.539

5.3.2.4　集成创新绩效的验证性因子分析

集成创新绩效由 3 个潜变量构成，分别是技术绩效、机会窗口及财务绩效。其中，技术绩效有 3 个测量指标，机会窗口有 3 个测量指标，财务绩效有 3 个测量指标。结构方程模型中集成创新绩效验证性因子分析模型如图 5 - 3 所示。

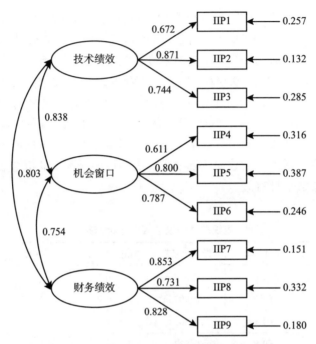

图 5 – 3 集成创新绩效验证性因子分析模型

对集成创新绩效的验证性因子分析模型进行分析，结果如表 5 – 7 所示。针对因子信度而言，技术绩效、机会窗口和财务绩效 3 个潜变量的组合信度分别为 0.809、0.779、0.847，均满足大于 0.5 的最低标准，可以认为测量变量通过信度检验。对于因子聚敛效度，3 个潜变量的 AVE 分别为 0.588、0.544、0.649，满足 AVE 大于 0.50 的要求，表明测量变量拥有足够的解释力，通过聚敛效度检验；对于因子区辨效度，3 个潜变量之间的相关系数分别为 0.838、0.754、0.803，其平方值分别为 0.702、0.568、0.645，AVE 的均值为 0.636、0.617、0.668，虽然前两个变量的相关系数的平方值略大于其 AVE 均值，但从整体上看，集成创新绩效的区分效度还是比较令人满意的。从模型的拟合效果来看，各测量题项效果的回归系数均达到显著水平，且各项适配度指数均达到要求，其中，卡方值自由度比值为 1.036 < 3.000，渐进残差均方和平方根 RMSEA 值为 0.026 < 0.05，基准线比较适配统计量指标 CFI、IFI、TFI 均大于 0.90，PNFI 大于 0.5，拟合状况很好。只有 PGFI 略小于 0.5，但从整体看，测量模型的拟合效果还是比较好的，通过结构方程模型验证。

表 5 - 7　　　　　　　　集成创新绩效验证性因子分析结果

潜变量	测量题项	标准化系数	T 值（C. R.）	CR	AVE
技术绩效	IIP1	0.672	4.779	0.809	0.588
	IIP2	0.871	6.004		
	IIP3	0.744	—		
机会窗口	IIP4	0.611	4.183	0.779	0.544
	IIP5	0.800	5.559		
	IIP6	0.787	—		
财务绩效	IIP7	0.853	6.502	0.847	0.649
	IIP8	0.731	5.422		
	IIP9	0.828	—		

χ^2/df	RSMEA	GFI	IFI	NFI	CFI	PNFI	PGFI
1.036	0.026	0.913	0.996	0.907	0.996	0.604	0.487

5.3.3　相关性分析

为了明确技术集成能力、组织柔性与集成创新绩效三者之间的作用关系，首先应对通过因子分析的主因子进行相关性分析，从而对各假设研究进行初步检验。相关性分析统计学中有一种应用较为普遍的分析方法，用于描述变量间联系的紧密程度，主要反映当一个变量发生变化时，另一个变量的变异程度。一般认为，相关系数 r 的绝对值大于 0.8 表示变量间具有较强的相关性，r 的绝对值小于 0.3 表示变量间的相互依存关系较弱。

从表 5 - 8 相关性分析结果可以看出，技术集成能力的 3 个维度对集成创新绩效均有显著的正相关性；组织柔性的两个维度也与集成创新绩效具有较强的相关性；技术监测能力与技术学习能力、技术学习能力与技术系统整合能力、技术监测能力与技术系统整合能力两两之间也具有较强的相关性；此外，技术监测能力与组织柔性的交互项与集成创新绩效有显著的正相关性，技术学习能力与组织柔性的交互项与集成创新绩效的相关性也是显著的，只有技术系统整合能力与组织柔性的相互项和集成创新绩效的相关程度不高。

表 5 – 8 变量间的相关性分析

变量	1	2	3	4	5	6	7	8
技术监测能力	1							
技术学习能力	0.761 **	1						
技术系统整合能力	0.731 **	0.739 **	1					
组织柔性	0.484 **	0.469 **	0.379 *	1				
技术监测能力 × 组织柔性	0.723 **	0.380 *	0.416 **	0.701 **	1			
技术学习能力 × 组织柔性	0.243	0.643 **	0.332 *	0.786 **	0.301 *	1		
技术系统整合能力 × 组织柔性	0.235	0.318 *	0.703 **	0.651 **	0.256	0.209	1	
集成创新绩效	0.645 *	0.770 **	0.799 **	0.584 **	0.413 **	0.426 **	0.237	1

注: ** 表示显著水平 $p < 0.01$（双尾检验）；* 表示显著水平 $p < 0.05$（双尾检验）。

5.3.4 回归分析

回归分析是考察因变量与自变量之间的统计关系，以相应规定的步骤确定研究变量间的因果关系，并根据量化结果及参数分析该回归模型是否能较好地拟合实际数据，检验自变量的作用是否符合预先的构想。为了减少多重共线性带来的虚假相关，更准确地衡量各个交互作用的独立贡献大小，本书参考国内外学者的普遍做法，在回归分析中，将各交互项分别引入模型。

本书选择强制进入法（enter）对自变量进行选入，将所有自变量强制引入方程。在操作过程中可以分为两个步骤，先进行主效应分析，将技术集成能力的 3 个维度，即技术监测能力、技术学习能力和技术系统整合能力，以及组织柔性引入回归方程，分析主效应对集成创新绩效的影响；然后进行调节性效应分析，分别将技术监测能力、技术学习能力、技术系统整合能力与组织柔性的交互项作为变量引入回归方程，分析各交互效应对集成创新绩效的影响。这样就构建了 4 个回归模型，每个模型所包含的变量及相应的回归结果如表 5 – 9 所示。

表 5 - 9　　　　技术集成能力、组织柔性对创新绩效的多元回归分析

变量	主效应	调节效应		
	模型 1	模型 2	模型 3	模型 4
技术监测能力	0.435 **	0.325 **	0.297 *	0.202 *
技术学习能力	0.326 **	0.253 **	0.363 **	0.231 **
技术系统整合能力	0.342 **	0.332 **	0.358 **	0.228 **
组织柔性	0.363 **	0.254 **	0.308 **	0.254 **
技术监测能力 × 组织柔性		0.257 **		
技术学习能力 × 组织柔性			0.232 **	
技术系统整合能力 × 组织柔性				0.105
调整 R^2	0.376	0.384	0.392	0.129
F 值	12.873 ***	10.764 ***	10.326 ***	6.238 **

注：*** 表示显著水平 $p < 0.001$（双尾检验）；** 表示显著水平 $p < 0.01$（双尾检验）；* 表示显著水平 $p < 0.05$（双尾检验）

通过上述分析可以看出，各自变量间存在较高的相关性，需要对回归模型中的多重共线性和残差序列相关性问题进行进一步检验分析。其中，多重共线性的诊断可以用方差膨胀因子法进行判断，VIF 的大小反映自变量间的多重共线性程度，通常情况下，VIF ≥ 10 时，表明变量间存在严重的多重共线性问题；序列相关问题的诊断可以采用计算回归模型的 DW（Durbin - Watson）值加以判断，如果残差序列出现自相关，则表明回归方程没能充分说明因变量的变化规律，变量存在滞后性，回归模型建立存在某种错误。DW 取值范围一般在 0 ~ 4 之间，DW 值接近 2，表明残差序列无自相关。在本书中，通过计算后发现 4 个回归模型的 VIF 值均在 10 以内，可以说明这些变量间没有多重共线性问题；计算 DW 值发现，所有回归模型的 DW 值均接近 2，因此不存在序列相关问题。

从表 5 - 9 的回归数据可以总结出，在主效应回归模型中，技术集成能力的 3 个维度，即技术监测能力、技术学习能力、技术系统整合能力以及组织柔性的系数均通过了显著性检验，从而初步验证了研究假设 H1.1、H1.2、

H1. 3、H3. 1。

在调节效应回归模型中，技术监测能力与组织柔性交互项的系数通过显著性检验，表明组织柔性在技术监测能力与集成创新绩效间存在正向的调节作用，验证了研究假设 H3.2；技术学习能力与组织柔性交互项的系数通过了显著性检验，表明组织柔性在技术学习能力与集成创新绩效间存在正向的调节作用，验证了研究假设 H3.3；技术系统整合能力与组织柔性交互项的系数没有通过显著性检验，表明组织柔性在技术监测能力与集成创新绩效间没有显著的调节作用，因此研究假设 H3.4 没有通过。这表明组织柔性在技术集成能力与集成创新绩效间是作为半调节变量而存在的。

5.4 结构方程模型的检验

5.4.1 结构方程模型简介

结构方程模型也称为潜在变量模型，由测量模型与结构模型两种基本模型构成，是对建立在一定理论基础上的、对假设模型的验证。SEM 是将测量与分析整合运用的一种研究技术，在因素分析和路径分析的基础上对观测变量和潜在变量进行分析，验证假设模型与样本数据间的适配程度。结构方程具有理论先验性、可同时处理测量与分析问题、注重协方差运用、适用于大样本统计和包含多种统计技术等特点，是一种极为有效的实证研究分析方法。

由于技术集成能力对集成创新作用机理的研究中涉及的变量较多，具有主观性强、难以直接度量等特点，同时，研究数据的来源广泛，导致数据出现的误差较大，整理相对复杂。SEM 的特点是比其他统计分析技术有更突出的优越性。SEM 不仅可以对测量变量和潜在变量同时进行估算，同时计算出指标的测量误差，还可以对测量变量间的关系进行预测，处理传统的 CFA 及路径分析等问题，评估假设模型结构是否能够适用于样本数据，以此来检验研究者事先假设的理论模式。因此，本书选择 SEM 对技术集成能力展开研究。

在 SEM 的分析过程中，一般从模型确认、辨别到参数的估计和适配度评估，最后到模型的修改，需要 5 个步骤，直到调整到假设模型与观察数据适配程度很好的情况下，分析终止；如果不适配，再对模型进行修改，直到可以获得一个较佳的解释。普遍认可的 SEM 分析的基本程序如图 5 - 4 所示。

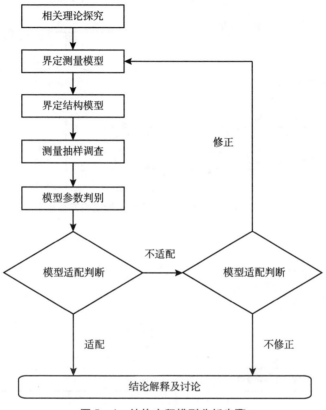

图 5 - 4　结构方程模型分析步骤

5.4.2　结构方程模型分析

5.4.2.1　初始模型设定

根据前面章节构建的技术集成能力作用机理模型，本书设定如图 5 - 5 所示的初始结构方程模型。其中，技术监测能力、技术学习能力、技术系统整合能力、组织柔性为外生潜变量，集成创新为内生潜变量。

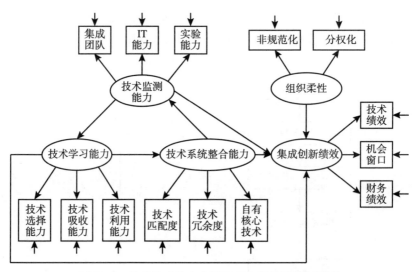

图 5 - 5　技术集成能力作用机理初始结构方程模型

5.4.2.2　模型拟合评估

技术集成能力作用机理结构方程初始模型经过运行后，显示的各项指标拟合结果如表 5 - 10、图 5 - 6 所示。

表 5 - 10　　　　　　　　　　模型适配度指标检验

χ^2/df	RSMEA	GFI	IFI	NFI	CFI	PNFI	PGFI
1.816	0.023	0.933	0.868	0.905	0.901	0.542	0.543

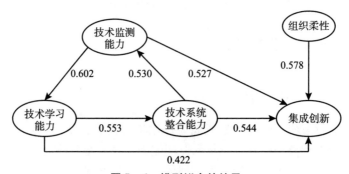

图 5 - 6　模型拟合的结果

从表 5 - 10 拟合数据可以看出，模型拟合比较理想，其中，卡方值自由度比值为 1.816 < 3.000，渐进残差均方和平方根 RMSEA 值为 0.023 < 0.5，基准线比较适配统计量指数 GFI、NFI、CFI 都大于 0.9，GFI、PNFI 也都大于 0.5，虽然 IFI 为 0.868，没有达到 0.9 的要求，但从整体看并不影响理论模型与实际数据的契合。因此该模型通过拟合度检验。

在模型拟合评价通过的基础上，继续对模型路径系数进行分析检验，如表 5 - 11 所示。

表 5 - 11　　　　　　　　　　　　　路径估计及检验值

变量之间的关系	路径系数	C. R.	P
集成创新绩效←——技术监测能力	0.527	2.967	0.004
集成创新绩效←——技术学习能力	0.442	2.155	0.009
集成创新绩效←——技术系统整合能力	0.544	2.746	0.006
集成创新绩效←——组织柔性	0.578	3.304	0.000
技术学习能力←——技术监测能力	0.602	3.550	0.000
技术系统整合能力←——技术学习能力	0.533	3.366	0.000
技术监测能力←——技术系统整合能力	0.530	2.971	0.003

通过表 5 - 11 相关数据可以看出，技术监测能力、技术学习能力和技术系统整合能力到集成创新绩效的路径系数分别为 0.527、0.442、0.544，显著性概率值 P 分别为 0.004、0.009、0.006，均通过了显著性检验，说明技术监测能力、技术学习能力和技术系统整合能力对集成创新绩效均有显著的正向作用，即支持了本书的假设 H1.1、H1.2、H1.3；技术监测能力到技术学习能力、技术学习能力到技术系统整合能力、技术系统整合能力到技术监测能力的路径系数分别为 0.602、0.533、0.530，显著性概率值 P 均小于 0.01，通过了显著性检验，说明技术监测能力对技术学习能力、技术学习能力对技术系统整合能力、技术系统整合能力对集成创新绩效均有显著的正向作用，即支持了本书的假设 H2.1、H2.2、H2.3；组织柔性到集成创新的路径系数为 0.578，显著性概率值 P 为 0.000，也通过了显著性检验，说明组织柔性对集成创新绩效有显著的正向作用，支持了本书的假设 H3.1。

5.5　假设结果分析

本书通过实证研究分析了前文理论模型所提假设，即分析了企业技术集成能力与集成创新绩效的关系、技术集成能力3个维度间的相互作用程度、组织柔性与集成创新绩效的关系以及组织柔性在技术集成能力与集成创新之间的调节作用。根据实证的数据结果，本书对研究假设进行了检验分析。表5－12汇集了本书所提假设的检验结果。

表5－12　　　　　　　　　　研究假设验证结果

假设	内容	检验结果
H1.1	技术监测能力与集成创新绩效显著正向相关	支持
H1.2	技术学习能力与集成创新绩效显著正向相关	支持
H1.3	技术系统整合能力与集成创新绩效显著正向相关	支持
H2.1	技术监测能力对技术学习能力有显著的正向作用	支持
H2.2	技术学习能力对技术系统整合能力有显著的正向作用	支持
H2.3	技术系统整合能力对技术监测能力有显著的正向作用	支持
H3.1	组织柔性与集成创新绩效显著正向相关	支持
H3.2	组织柔性在技术监测能力与集成创新绩效间有正向的调节作用	支持
H3.3	组织柔性在技术学习能力与集成创新绩效间有正向的调节作用	支持
H3.4	组织柔性在技术系统整合能力与集成创新绩效间有正向的调节作用	不支持

（1）技术集成能力与集成创新绩效的关系。通过上表可以总结出，无论是从相关系数、回归系数的显著性上看，还是从结构方程模型的路径检验看，技术集成能力的3个维度，即技术监测能力、技术学习能力、技术系统整合能力对集成创新绩效均具有显著的正向作用，这也进一步验证了研究模型中的假设H1.1、H1.2、H1.3通过验证，即技术集成能力对集成创新有显著的正向影响，因此企业应重视技术集成及其能力的培育及发展，有效整合企业内外部资源，使3个子能力相互依托、协同成长，从而适应环境变化，实现企业集成创新，提升创新绩效。

（2）技术集成能力 3 个维度的相互作用。假设 H2.1、H2.2、H2.3 通过验证，假设结果得到支持，表明技术集成能力内在维度间是彼此影响、相互制约的。技术监测能力是技术集成能力最初始的活动，是企业突破环境变化的限制，满足顾客个性化需求、实现市场与资源要素匹配的前提；技术学习能力是技术集成能力提升的关键环节，是企业学习知识和技术，创造增值价值的能力，也是企业将新知识、新技术进行消化吸收，实现技术追赶、提升创新绩效的重要途径，它有助于企业实现技术变革，推动技术创新；技术系统整合能力是技术集成能力的升华，是企业摆脱对以往技术轨道的依赖和惯性，整合和重构技术体系，完成技术集成创新，实现企业跨越式增长的关键。与此同时，企业技术系统整合能力的提升可以推动技术创新与技术扩散的正向反馈，不断深化创新的深度、广度，提升技术系统的开放程度，获取更多的资源优势，强化企业下一阶段的技术创新。综合以上分析，可以明确技术集成能力的内在作用路径表现为：技术监测能力→技术学习能力→技术系统整合能力。当技术系统整合能力力度积累到一定程度时又会作用于技术监测能力，这样就形成一条闭合回路，在这种循环过程中，各种要素不断积累、相互渗透，技术集成能力得以持续提升。

（3）组织柔性的调节作用。假设 H3.1 通过验证，说明组织的柔性化结构对集成创新有着积极的作用。灵活的组织结构和分权化管理会促使企业更好地选择和利用资源，根据环境和机会灵活迅速地作出响应，通过组织系统的有效整合，将人力、物力和财力有效配置，将稳定性与灵活性相结合，为企业技术创新提供支持。假设 H3.2 通过检验，说明组织柔性会影响企业对外部技术的获取，进而影响集成创新，因此企业可以通过调整组织规范化章程和集权程度，提升技术监测系统水平、拓展信息获取渠道，以强化企业集成创新效果。假设 H3.3 通过检验，表明柔性化组织结构及制度会促进技术的吸收和转化，增强组织内部经验知识的交流和分享，激励成员的创新意愿和工作热情，提升学习能力和沟通能力，进而提升企业创新绩效。

假设 H3.4 没有通过显著性检验，因此假设不成立。这很可能是由于技术系统本身所具有的复杂性特征，使在建设和完善技术系统时，需要技术人员和管理者紧密配合，所以对组织结构的规范化要求较高。而过于柔性化管理会造成组织结构的松散和难以控制，使企业在技术系统操作时出现问题，造成各分支技术的高度冗余，引起企业的无效创新，致使集成创新效果不佳。因此，在柔性化管理方面应结合企业具体的目标和研发生产、经营管理等方式，选择适合企业自身的组织结构和组织制度。

通过假设验证结果的分析，组织柔性作为调节变量并没有通过所有的假设检验，因此可以进一步判断，组织柔性在技术集成能力与集成创新之间起到半调节作用，即半调节变量。

综合以上分析，可以得到一个更为完整的面向创新的企业技术集成能力作用机理模型，如图5-7所示。企业想要培养技术集成能力，提升集成创新绩效，应以柔性灵活的联结方式为手段，不断对要素结构和要素规模进行动态调整，使各子能力在相互匹配、协同增长的同时，依据能力增长的独特规律和作用路径，共同促进技术集成能力的提升，获取持续的竞争优势。

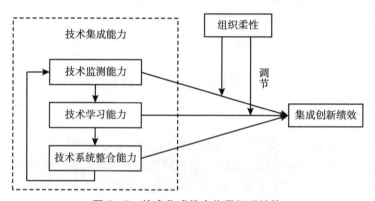

图5-7　技术集成能力作用机理结构

5.6　本章小结

本章运用实证研究验证和分析了企业技术集成能力对集成创新的作用机理理论模型。首先设计了调查问卷，确定了研究数据的收集过程及样本容量。其次借助描述性分析、相关分析、回归分析方法对有效数据进行分析，并根据结构方程模型的分析过程，对技术集成能力作用机理进行建模分析，在模型运转结果数据分析的基础上，对理论假设进行了检验，并对研究结果予以讨论，形成一个较为全面的企业技术集成能力作用机理模型。

第 6 章

技术集成能力的演化

前文的理论与实证分析，揭示了技术集成能力对集成创新的作用机理。因此，企业要实现集成创新，就应重视对技术集成能力的培育。然而技术集成能力的增长是一个长期且较为缓慢的过程，在新技术高速发展更新的时代，企业需要了解整合技术资源能力的形成过程及演化方式，在此基础上使技术集成能力向更高阶段的能力发展，保障企业技术集成的有效实施和创新能力的提升。

6.1　能力演化分析的理论基础

自 20 世纪 80 年代以来，以资源基础论、动态能力论以及遗传学、仿生学理论为基础的企业生命科学理论不断丰富完善，为人们解析组织及其能力的形成演化提供了理论支撑，该理论源于企业竞争优势外生论到企业竞争优势内生论的转变，其研究对象主要是企业内部竞争能力的形成和发展机制问题，即从微观视角研究企业的异质性及导致企业能力的差异所在。

纳尔逊和温特（Nelson & Winter，1982）在物种进化论的基础上提出了企业进化论，强调企业资源是具有差异性的，这种差异是由企业的资源和外部环境所造成的，同时指出企业的成长是通过生物进化的多样性、遗传性和选择性3 种核心机制来实现的，组织、创新、路径依赖等要素对企业进化有明显的影响。哈肯（Haken，1998）在研究自组织系统时指出，企业在遗传、变异和选择机制的共同作用下选择适合其发展的组织结构，完善其生产经营模式，使其与环境相适应，并指出企业的生存方式与生命体相似，在与其他经济共同体长期共存中发展壮大。赫尔法特（2003）开创性地提出动态资源基础观，用能力生命周期来解释企业能力是如何诞生、成长和演化的，解释了企业能力异质性的来源。

随着各学科研究领域和研究范围不断交叉相融，一些学者们将生物学知识——基因引入具体研究中，进一步探讨企业的管理特征行为。诺尔·迪奇（Noel Tichy，1993）首次提出企业 DNA 模型，他指出，正是由于企业拥有与众不同的遗传基因，因而体现出不同的生命特征，进而决定了企业不同的发展路径和经营观念，并指出企业的 DNA 模型主要由决策构架和社交构架两种构架整合而成，共同影响企业的经营决策机制。企业生命模型概念的提出使人们对企业成长及其能力形成有了更多的理解，引起了学术界的普遍关注。对于企业生命模型和 DNA 构成，不同的学者从各自的研究角度给出了不同的答案。内尔森（Neilson，2004）认为企业的 DNA 就是企业遗传基金的复制、适应和变异，并通过访谈归纳认为企业的 DNA 是由决策权、组织架构、激励机制和信息传导 4 个碱基构成的，这些基本要素不同的结合方式形成了企业的多样性和难以复制性。内尔森（2006）在其后续研究中进一步剖析了企业生命模型所包含的全面要素，认为企业特征的形成来源于 DNA 结构的不同，并且指出企业的 DNA 存在免疫系统，排斥外来企业的 DNA。

国内学者周晖等（2000）在研究中指出企业生命模型是一种新的企业成长范式，并构建了基于资本链和劳动力链的企业生命模型，同时指出核心技术、组织机制、企业文化和企业家资源是企业成长过程中重要的影响因素。金占明等（2011）构建了企业基因的作用路径，指出企业战略管理乃至整个组织管理领域的研究都可借鉴基因作用路径展开研究，在此路径作用过程中，企业通过基因决定企业态度，进而作用于企业的组织结构和行为方式，最终决定企业绩效。刘睿智（2014）以创新型中小企业为例，提出构造企业成长基因要素、实证甄别基因要素和结合理论确定基因模型的 3 个步骤，并构建了中国创新型中小企业的基因结构模型。从以上研究可以看出，生命科学理论能较好诠释企业及其能力演化的过程及机理。

随着外部环境的变化，企业通过与外部环境进行信息、能量和资源的交换，不断实施内部要素的变革与配置，逐步进行自身生命系统的循环与完善。在市场激烈竞争的大环境下，企业同生命体一样，也遵循"优胜劣汰、适者生存"的自然规律成长演化。生命科学特有的思维方式和分析方法为研究企业的行为方式和能力演化提供了全新的理论基础和研究视角。本书借鉴生命科学理论，构建技术集成能力演化的生命模型，深入剖析企业技术集成能力演化的过程，以及在这个过程中每个阶段所显现出的不同特征。同时综合运用多种理论从技术集成能力的演化过程及内部机制两个方面揭示技术集成能力的演化机理。借助组织演化理论及组织惯例等相关理论，研究技术集成能力的发展过程，探索其演化规律，既把握了技术集成能力的本质，也使技术集成能力在形成上具有一定的可操作性。

6.2 技术集成能力基因模型

6.2.1 技术集成能力基因模型的构建

6.2.1.1 企业基因的作用路径

人们对生命的研究经历了漫长的过程，分子生物学的快速发展是具有里程碑意义的突破，人们可以更好地从微观基础上对生物的遗传和变异等生物学特性进一步展开深入剖析。基因是遗传变异的主要物质，支持着生命的基本构造和性能，也储存着生命特征的全面信息。作为具有遗传功能的物质载体，基因在生命繁衍过程中意义非凡，一方面传递遗传信息，忠实地复制自己，以保持生物的基本特征，另一方面在繁衍复制的基础上，将新的信息加入后代基因中，产生基因变异和。

脱氧核糖核酸（DNA）是控制生物性状遗传的主要物质，生物进化过程和生命过程的不同是其各自的 DNA 运作轨迹不同而导致的。DNA 的重要特征就是其具有特殊的空间结构，即双螺旋结构。双螺旋结构成为人类诠释和利用生命体有机结构的重要工具。双螺旋结构的主要特点是：①DNA 的主链是由脱氧核糖和磷酸碱基通过糖苷键交替链接而成的，主链处于螺旋外侧；②碱基位于螺旋内侧，两两对应，同一平面的碱基在主链间形成碱基对；③DNA 分子由两条相互平行，走向相反的双螺旋构成。这种基本结构解释了其在遗传和进化中的作用，也构成了生物个体遗传与变异特性的基础。

纳尔逊（1982）将企业定义为一个由组织惯例所组成的层次结构，认为如生物基因一样，企业是一个生命体，也存在企业基因，并指出惯例在企业中具有类似基因的功能。惯例是组织中的记忆，是长期积累形成的具有传递和遗传功能，决定企业的最基本特征。企业的生命基因各不相同，使企业生命特征有所差异，进而形成各自不同的思维意识和行为决策。企业基因不仅决定着企业的行为方式，还影响着个体企业的发展。一方面，在企业基因的独特结构影响下，企业的经营管理和战略选择各不相同，使企业具有异质性和个体性；另一方面，与生命基因稳定性相比，企业基因是主动易变的，正是在企业基因的变异过程中，组织创新得以实现。因此，由人类生命基因作用方式可以引申出企业基因的作用路径，如图6-1所示。

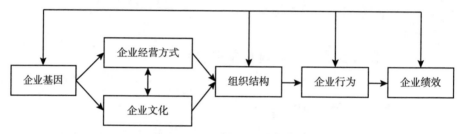

图6-1 企业基因的作用路径

企业的基因不仅有其构成的基本单元，如管理者、团队等人力资源，还有一些与生俱来的其他要素，如企业类型、股权结构等。这些企业特征在很大程度上决定企业的经营方式及企业文化，随着经营战略的不同，企业选择适合自身发展和目标的组织结构，从而产生多样化行为决策，作用于企业生产经营方式，形成不同的竞争能力。企业基因在这个过程中发挥独特属性和功能，作用于所有环节，最终作用于企业绩效。

6.2.1.2 技术集成能力的生命模型

企业基因掌握企业的遗传密码，决定着企业的形态、发展、资源、市场、文化，其内在要素通过与外部环境的相互作用，进而影响企业的战略发展、资源配置和经营管理，导致企业能力与竞争能力的差异。随着对企业基因不断探究，学者们将企业基因进一步转化应用在对企业能力培养的摸索研究中。

巴斯金（Baskin，2000）提出基于惯例的企业能力基因模型，强调惯例是企业能力形成的基础与推动力；奥瑞克（Aurick，2003）认为，企业基因是能力要素的组合，具体包括有形能力要素、知识能力要素、交易能力要素和业务能力要素，企业通过对业务能力要素的重组实现新的基因组合，影响企业成长；杜万（Dobni，2008）提出能力要素驱动型组织和基因重组概念，他们认为随着社会网络的日趋复杂化以及技术资源的发展多元化，企业所关注的焦点逐步转向独立的技术构架单元，在这个过程中，企业需要发展相应的业务能力相支撑，这种能力就是企业基因，为其带来一系列由行为或资产所构成的价值链增值的实质性贡献。

我国学者在基因模型研究上成果颇为丰富，刘烨等（2007）构建了企业能力的基因作用机理模型，认为企业基因通过惯例作用于企业要素，进而影响企业绩效。温韬等（2008）从分析企业 DNA 和企业核心能力的区别入手，强调企业的核心能力中的部分资源本身可能出自企业 DNA，并指出不同的企业可能具有相同的 DNA，但由于显性基因片段的不同，其所展现出的核心能力各不相同，企业想要发展核心能力，应加强显性 DNA 竞争性。揭莜纹等（2011）通过分析企业基因及动态战略能力的关联，指出企业持续竞争优势来源于企业的动态战略能力，而动态战略能力是基于企业基因的企业能力的外在表现形式，对于企业基因的优化重组将有效提升企业的动态战略能力。廉勇（2013）从生物学 DNA 基因的角度研究了企业知识管理和企业能力发展，发现企业知识和能力同样具有 DNA 的双螺旋结构，其由管理链和技术链以及 4 种不同的碱基和氢键组成，并以三星为例，分析了该企业知识和能力的构成双螺旋结构，并指出企业能力的形成是其整合资源、获取竞争优势的关键。张玉明等（2013）、吕秋颖（2013）先后构建了创新型中小企业基因结构模型和多层次企业基因概念体系，从各种角度解释了基因模型内涵及其碱基构成要素。学者们普遍认可企业基因在形成竞争力、提升企业绩效上有显著的作用。

通过前文对企业基因与企业绩效之间的关联分析可知，虽然企业基因对企业能力有巨大影响，但能力本身并不是企业生命体的遗产物质。企业 DNA 是企业基因的外在表现形式，决定企业的运营模式和组织架构，影响企业能力和竞争力。因此，企业技术集成能力本身虽非遗传物质，但技术集成能力基因具有遗传、变异和重组功能，决定了企业技术集成能力的演化过程和作用路径，即技术集成能力基因作用于企业的创新文化及创新战略，构建符合创新发展的柔性组织结构及组织制度，合理配置企业内外有限资源，形成有利于集成创新的技术管理模式，进而影响企业的集成创新绩效，如图 6 - 2 所示，即技术集成能力基因决定了企业的集成创新绩效。对技术集成能力的研究都可借助这样的基因作用路径，从基因这一根源出发，分析在技术集成能力成长过程中的影响变量，揭示企业集成创新绩效差异问题，探究技术集成能力的演化机制，从而全面提升企业技术集成能力。

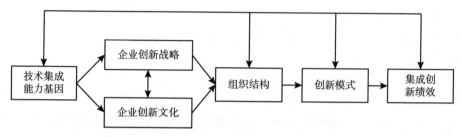

图6-2　基于基因的企业技术集成能力作用路径

综上所述，本书认为技术集成能力具有生命特征，技术集成能力的 DNA 是其生命基因的外在表现，决定技术集成能力的形成和发展，具有双螺旋结构。鉴于此，本书构建了企业技术集成能力的生命模型，如图 6 - 3 所示，并通过该模型分析技术集成能力的演化过程，进而揭示能力生命周期中各阶段的特征。

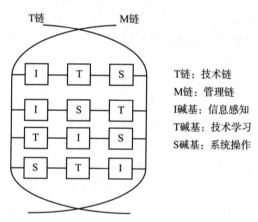

图6-3　技术集成能力生命模型——双螺旋结构

技术集成能力生命模型——DNA 结构具有以下特征：

（1）双螺旋结构。技术集成能力的双螺旋主链，一条为技术链（technology chain），一条为管理链（management chain）。在企业技术集成能力成长中，最基础的两个要素就是技术和管理。企业技术集成能力的形成是以一定资源为基础的，而其中最关键的资源就是技术资源，企业的技术基础和技术势能决定了企业的战略规划，也决定了其所选择的创新模式；同时，由于企业技术集成及其能力的形成受到企业内外部各种资源要素的制约，对同类资源不同的利用能力情况致使企业的生产效率不等，这就要求企业应用管理职能，合理配置资源，在有限的范围边界内使其效应最大化。因此，技术和管理这两个最基本的元素构成了企业技术集成能力的双螺旋结构，其中，技术链为企业提供各种所需技术资源，管理链为企业提供高效运用技术资源的管理方法和管理机制，技术链和管理链相互支撑、相互匹配，以一种螺旋上升的结构和态势促进企业技术集成能力不断发展。

（2）碱基构成。碱基是含有特定信息的核苷酸序列，DNA 的重要组成部分。技术集成能力 DNA 的碱基位于双螺旋结构的内侧，是企业实施技术集成创新战略的关键组成要素，决定企业对资源的整合能力。通过前文对技术集成能力主要构成要素的分析可知，技术集成能力的演化形成离不开对信息的搜索获取、组织的主动学习及操作系统的匹配，因此，本书认为技术集成能力的碱基是由信息感知、技术学习、系统操作所构成的。

I 碱基——信息感知（information sense）。信息是情报，是提供决策的有效数据，也是企业知识主要的存在方式和传播媒介。信息在不同行为主体间传播、扩散、交流和反馈，信息的数量和质量决定了企业技术创新的方向、速度和效果。信息感知强调对信息的快速萃取、有效分析及应用评估，其感知程度将直接影响企业对市场的预测、对竞争对手的判断以及企业的战略导向，因此，信息感知是企业技术集成能力形成的技术手段。

T 碱基——技术学习（technology learning）。技术是企业在经营活动中积累的技巧、经验和手段，是企业知识与技能的总和，是企业生存的基础和决定因素。技术学习是交流、分享、传播技术的有效途径，技术学习可以将一些缄默的知识激活，通过对新知识的消化吸收，帮助企业对一些新技术从无到有进行认知和理解，最终实现技术的利用及再创新，因此，技术学习是企业技术集成能力提升的方法和途径。

S 碱基——系统操作（system operation）。系统是企业组织演化的内在根据和动力，技术系统是一个由多种技术要素相互作用而成的有机整体，是支持企业开展技术集成创新活动的平台基础。系统操作是指系统内部各要素通过相互竞争和相互匹配，使组织的创新系统逐步走向有序，从而形成企业的核心能力及创新体系，因此，系统操作是确保企业技术集成能力内部要素间协同发展的必要保障。

（3）碱基对。DNA 碱基以氢键的方式链接成碱基对，碱基对的不同排列形成了生命体的特征差异性。同样，技术集成能力的 3 种碱基——信息感知、技术学习、系统操作把技术链和管理链连接起来，由于其在空间上呈现的组合方式不同，以氢键链接的形式形成不同的碱基对，碱基的内在差异和碱基对的不同组合，使企业具有形态和功能不同的双螺旋结构，导致企业技术集成能力具有不同的遗传属性，显现出不同的能力特征，也因此呈现出不同的成长过程和生命周期。

企业技术集成能力 3 个碱基不是截然分开的，而是紧密相连的，呈非线性相互作用，即 3 个要素互为因果，形成双向信息传递的循环关系。其中，信息感知碱基是企业技术集成能力 DNA 的基础要素，决定了信息的来源和渠道，对企业获取技术资源起到支撑作用；技术学习碱基是企业技术集成能力 DNA 的核心要素，根植于企业的组织构架之中，服务于获取技术的整合及利用，协调各职能部门和企业管理模式；系统操作是企业技术集成能力 DNA 的关键要素，影响企业技术平台的构建、更新及改进，保障了集成创新的实现。技术集成能力 DNA 中的 3 个碱基——信息感知、技术学习、系统操作分别受到技术监测能力、技术学习能力和技术系统整合能力的影响，并随着这 3 种能力内部要素组合的变革发生基因的变异和重构，进而影响企业的集成创新效果。

6.2.1.3 技术集成能力基因的遗传信息效率

企业基因是有遗传信息的企业 DNA 片段，是企业最根本的构成单位，决定着企业组织结构和经营能力。企业基因中的遗传信息在外部环境与企业、企业内部、各职能部门间不断进行传递与交换。遗传信息在传输、复制的过程中会发生信息损失，降低整体系统的反馈效率，也影响企业基因的稳定性。

从企业基因视角研究遗传信息效率主要可从两个方面衡量：适合度（fitness）和选择系数（selective coefficient）。适合度是指与其他企业基因相比，个体企业某一类基因能生存并不断进行复制遗传的程度，通常用 W 表示，其范围为 $0 \leqslant W \leqslant 1$。当 $W = 1$ 时，代表企业基因的适合度最大，即该基因非常适合企业的生存发展；当 $W = 0$ 时，代表企业基因的适合度最小，即该基因极其不适合企业的发展构成，非常地不稳定。例如：企业基因的最适合度和最不适合度呈无规律出现，形成的数组表达为 110011010，表示企业基因不稳定的随机状态，处于这个阶段的企业正在不断进行遗传信息的搜寻行为，在企业演化过程中进行基因的选择、复制及变异。

选择系数是一种相对选择强度，是指个体企业中的某一类基因不利于企业生存和发展的程度，通常用 S 表示，其范围为 $0 \leqslant S \leqslant 1$。选择系数和适合度是两个相互关联的指标，它们之间的关系可以表达为公式（6-1）：

$$S = 1 - W \qquad (6-1)$$

企业技术集成能力 DNA 中的双链（技术和管理）和 3 个碱基（信息感知、技术学习、系统操作）在一定程度上决定了企业的能力水平和集成优势，其基因结构也提供给企业一个外部的激励机制。正是在这种激励机制的作用下，市场中每个企业都会促使自身的技术要素和管理要素更为有效地工作，发挥各要素的最大效用，最终由市场选择出最高效率的集成企业和能力要素。

图 6-4 显示的是在完全市场条件下，企业技术集成能力生命模型的市场连接方式及其选择机制。每个企业以并联耦合的方式连接，同时各种要素市场充分发达，企业可以通过技术资源和管理手段对企业技术集成能力的信息感知、技术学习和系统操作 3 个主要构成要素进行选择、优化。

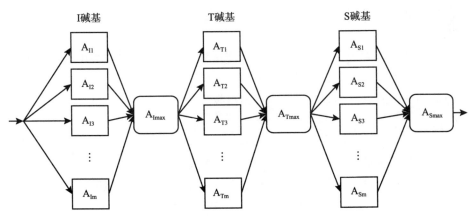

图 6-4 企业技术集成能力生命模型市场选择机制

在企业技术集成能力基因遗产信息传递过程中，假设每一并联耦合企业技术集成能力基因的适合度为 $\overline{W}$，选择系数为 $\overline{S}$，则在市场中单个企业技术集成能力基因遗传信息的失效概率根据公式（6-1）计算为：

$$\overline{S} = 1 - \overline{W}$$

对于这个市场（系统），若由 i 个要素、m 个并联耦合企业，则整合市场所有企业技术集成能力基因遗传信息失效概率为：

$$S^i = S^m$$

其中，$0 \leqslant \bar{S} \leqslant 1$，可得 $S^m \ll \bar{S}$，因此整合市场（系统）技术集成能力基因的适合度，即可靠程度为：

$$W^i = 1 - S^i = 1 - S^m \gg \bar{W}$$

通过上述分析可知，在市场机制中，单位企业技术集成能力的适应度要低于整个市场（系统）的适应度，也就是说，市场选择并不是在纯粹独立的基因水平上进行，而是在整个系统中进行的，是基因的组合。这进一步说明，企业的每一个要素在同行业的市场竞争中，会随着遗传信息的传递不断地选择效率最高的企业输出，然后输入下一串联因素中。在这个过程中，企业内部会形成较高的能力遗传信息反馈效率，加快企业的集成化运作，同时，企业也在这个优胜劣汰的选择过程中筛选出最佳的信息感知渠道、技术学习方式和系统操作平台，由此通过自组织理论形成一个完全公平竞争的市场环境，支撑企业技术集成能力的成长与演化。

6.2.2 基于生命模型的技术集成能力演化过程

企业技术集成能力的形成与提升体现在其发展演化的进程当中。为了更好地分析技术集成能力演化过程，本书进一步借鉴生物进化论、演化理论及能力生命周期理论的思想和观点，归纳总结出技术集成能力的演化过程。

6.2.2.1 企业的演化

演化的本质是指形式、结构、功能之间的变化，反映事物的发展、进步过程。最早的演化思想可追溯到达尔文以自然选择为基础的生物进化论和拉马克以管理适应为基础的基因遗传理论，两种截然不同的理论和观点一直相互竞争，有不同的支持者。

拉马克最早定义了完整的演化理论，他认为企业的演化是组织主动推进演化的过程，取决于组织自身的适应能力，组织内部的变革是为了适应不断变化的环境压力而做出的反应，这种演化是由低级、简单的结构向高级、复杂的结构演化，该理论主张"用进废退"的观点，提出组织演化变异的方向主要受到自身能力储备的影响，其研究的主要内容是组织能动地适应环境的行为、路径和变异过程。与其相反，达尔文认为组织种群中的演化是受到环境的影响，进而推动组织机体演化的一系列反应过程。在这个过程中，组织的适应性变革能力被环境的惯性力量所束缚和限制，组织种群的演化是通过环境的自然选择机制发生的，该理论主张的观点是"物竞天择、适者生存"，强调变异、选择、保留的演化过程，这种演化虽然是随机的无确定方向，但其遵循着一定的原则：变异原则、选择原则、保留和扩散原则及为生存而斗争原则。

两种演化理论一直以来被学者们不断推理、验证、驳斥，一些学者尝试着结合两种理论观点，从组织内部和组织外部两方面全面综合地分析演化过程。企业作为种群中的个体，受到内外两种环境的影响。外部环境（政策、竞争、需求）的多样性和复杂性导致企业想要持续生存和发展下来，就应进行适应性变化，由适应的变异逐渐积累发展成为显著的变异，在遗传变异中形成更具有复杂适应特征的企业。内部环境（知识、能力、资源）差异性使组织成员在面临机会和威胁时能有意识、主动地对环境做出积极的预测和反应，调整自身的能力和资源，以适应环境的变化。因此，综合观点认为组织演化是管理意图和环境效应互动作用、共同演化的结果。

无论是拉马克演化理论的管理适应，还是达尔文演化理论的自然选择，其都遵从生物演化的规律，都包含共同的变异—选择—保留的演化过程，都是在个体与环境、个体与个体间的相互作用中产生的结果，最终将导致组织的变化革新，这种变化使其与环境相适应、相匹配。因此，企业演化可以理解为企业为生存和发展而经历的一系列基因的变化过程和行为结果，以适应不断变化的竞争环境。企业演化具有以下特征：

（1）企业演化是一个动态过程，是随市场环境变化而经历的企业发展、壮大等一系列成长、变革过程；

（2）企业演化强调要素间的相互作用及有机融合，通过遗传变异机制实现分化的结构和功能的整合；

（3）企业演化的结果是使其向适应环境变化的方向发展，完成企业的革新和重构。

6.2.2.2 技术集成能力的演化过程

技术集成能力是支撑企业技术要素整合的内化能力，是在一定资源和能力的条件下产生的，其能力的形成经历了从无到有的阶段性过程，具有动态性和连续性；技术集成能力是由技术监测能力、技术学习能力、技术系统整合能力

3 个子能力构成的，它们既相互影响又彼此制约，在构成要素匹配耦合的情况下支撑企业创新活动的实施；技术集成能力的培育和提升有助于企业适应外部变化的技术环境，满足技术系统的需求，通过选择、消化、吸收和重构的技术集成过程，实现企业的集成创新。借鉴共同演化的基本思想，本书认为企业技术集成能力作为获取集成竞争优势的关键要素，它的演化不仅需要各种资源要素的支撑，还需要组织要素的大力配合，是多要素有机体的系统演化过程。同时，技术集成能力是对企业内外部资源有效整合的一种动态能力，其演化过程是非线性的动态过程，以适应环境发展为最终目的。综上所述，技术集成能力满足演化的主要特征，驱动着企业能力体系的建立，因此，本书借鉴演化理论分析技术集成能力的演化过程。

前文曾阐述过，技术集成能力的 DNA 是由技术链和管理链组成的双螺旋结构，并由信息感知、技术学习和系统操作 3 个碱基相连接，由于碱基的排列组合不同，遗传过程中显性基因又不尽相同，因此每个企业技术集成能力的高低不等，各种资源和能力分布不均，各具特征。信息感知碱基受控于技术监测能力，能通过技术手段有效识别出最新信息和前沿技术，有助于企业制定正确的发展战略和经营策略，甄选符合企业需求的知识和技术，做好技术集成的前期准备；技术学习碱基受控于技术学习能力，通过对系统知识和领域知识的挖掘、分享和扩散，形成产品的构架创新和元件创建，为集成提供理论依据和能力储备；系统操作碱基受到技术系统整合能力的约束，集成的效果依赖于完善的技术平台和操作系统，系统内各分支技术的良好耦合及有效匹配将更好地满足市场需求，提升企业技术集成能力。

图 6 - 5 表述了企业技术集成能力的动态演化过程。从企业基因层面看，技术集成能力 DNA 的 3 个碱基——信息感知、技术学习和系统操作在基因的复制、变异和重组过程中不断发展优化，向更高级别的、更优秀的基因方向演化；从企业能力层面看，构成技术集成能力的 3 个子能力——技术监测能力、技术学习能力、技术系统整合能力分别受到对应碱基的作用与影响，各子能力从无到有、由低到高培育增长，技术集成能力也随之得以形成。面对企业外部不可预知的环境变化和企业内部可预知的环境变化，企业能动地调整技术战略和资源配置，技术集成能力内在要素通过竞争、比较，遵循优胜劣汰的演化原则，更适合企业发展和能力增长的最优要素在市场选择过程中生存下来，作用于企业的创新行为和创新效果，同时，有利的遗传基因被企业保留和扩散，技术集成能力在这种生命演化过程中得到了进一步强化和提升。

114

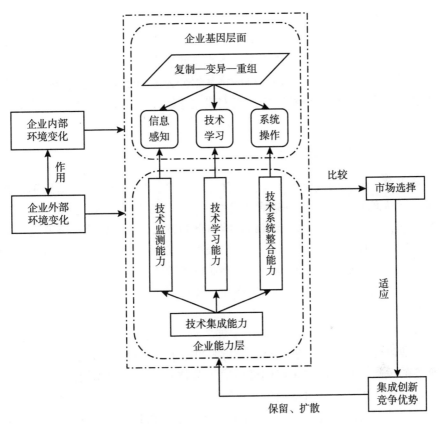

图 6-5　基于生命模型的技术集成能力综合演化过程

6.2.3　技术集成能力的生命周期

　　企业技术集成能力作为一个生命有机体，从它能力组建起便开始不断发展与进化。伴随周围环境的不断变化和创新行为的踊跃出现，技术集成能力在组织结构、资源及系统的协调与发展中经历了能力的演化。与生物体不同的是，技术集成能力的生命周期，其长短与变化不是自然循环，而是生存竞争的结果，取决于数据与信息的有效监测、知识与能力的储备情况及技术系统的操作性能，它们共同影响技术创新行为及其能力的生长过程，并最终影响企业的生存和发展。

　　在企业技术集成能力的成长过程中，其 3 个子能力所处状态有所不同。当碱基处于显性状态时，相对应的子能力呈现强势状态，用大写字母表示；当碱基处于隐性状态时，相对应的子能力呈现弱势状态，用小写字母表示；当子能力所控制的碱基不存在时，说明企业不具备此能力。技术集成能力的成长周期类似于技术或企业的生命周期，可以将其划分为能力组建、快速成长、稳定发展及衰退或再成长4个连续阶段，它们彼此连接，共同组成了技术集成能力的生命周期。

6.2.3.1　能力组建形成阶段

技术集成能力的演化始于能力组建形成阶段。在这个阶段，信息感知碱基是呈显性状态的，另外两种碱基呈隐性状态，用字母表示即为Its。这一阶段的特征是企业明确未来的发展战略和技术创新方式，拥有较为完善的技术基础设施、较强市场需求的分析能力，能够及时把握所需技术的发展动态及趋势、掌握最新的技术资源，同时拥有一支专业技术团队，负责技术监测系统的构建与完善。虽然这时企业的技术水平不高、知识学习能力薄弱，技术平台搭建尚不完善，但企业已逐步意识到资源整合的重要性，同时也具备了能力形成的基础，因此这时的技术集成能力处于发展较慢的组建阶段。这是因为在这一时期，企业高度关注市场发展变化，分析客户需求，并迅速有效识别企业的机会与面临的风险，从而制定正确的经营决策及技术路线。但受到技术水平限制，一些高新技术无法完全自主创新，只能依赖外部技术引进，通过对技术的消化吸收，实现对高新技术的进一步运用。可在这个阶段，企业的知识储备量不足、学习能力水平不强，又导致对引进的新技术只能停留在简单的模仿创新和简单应用上，掌握不了技术开发的主动权，企业的技术创新遇到技术瓶颈制约，创新速度缓慢。同时，资源的贫乏和能力的欠缺，加之受到组织常规和管理制度的制约，企业的技术集成效果不明显，其内化能力成长也较为艰难，如果不加强学习能力的培养和技术平台的建设，那么企业很容易陷入发展的恶性循环状态中，无法完成自主创新。

6.2.3.2　能力快速成长阶段

当企业以开发某种特定的能力为目标进行有序地组织并且运转起来后，能力成长阶段开始。在这个阶段中，信息感知碱基、技术学习碱基呈显性状态，系统操作碱基呈隐性状态，用字母表示即为ITs。这一阶段的特征是企业制定了正确的创新战略，拥有了较高的技术监测水平和较强的学习能力，可以将获取的外部新技术通过组织学习的方式分解、吸收、消化，将其纳入自己的技术轨道或重建技术轨道，扩大团队整体的知识范围和保有量，强化自身技术基础，从而逐步掌握行业核心技术，形成自主创新能力。虽然这个时期，企业的技术平台还不完善、各分支技术还无法完全融合，但技术集成能力已经进入快速成长阶段。学习能力是技术集成能力基因变异的内部动因，这是因为：首先，学习能力是转化和利用知识的能力，其将知识在组织内进行分享、交流，构建全新的知识体系；其次，学习能力同时又是个体外化知识的能力，其将个体所面对的问题情境与各种知识灵活结合并运用，进一步创造和增强知识的利用能力；最后，学习能力可以在组织学习过程中起到监控和调节的作用，使团队成员相互启发，相互影响。通过技术学习能力的提升，企业集成效果快速优化，集成优势不断强化，技术创新得以迅速发展。但同时也应注意，企业可能因技术系统整合能力的不足而出现大量技术的冗余和不匹配，从而导致企业自主创新的失败。

6.2.3.3　能力稳定发展阶段

当企业在明晰的创新战略指导下，拥有了先进的技术监控水平、较强的技术学习能力及完善的技术系统整合能力时，便进入持续、健康、有序的能力稳定发展阶段。在这个阶段，技术集成能力的 3 种碱基都呈显性状态，用字母表示即为 ITS，表明企业的技术集成能力已经成熟，可以有效吸收并利用新技术，并与自身的技术体系相融合，构建出企业全新的产品技术架构，使企业在产品设计、施工技术、管理流程等方面优于同行业平均水平，产品市场的占有份额趋于稳定。此时，集成绩效的提升更大程度上依赖于技术平台的提升，以及各分支技术的适应匹配。同时，由于组织结构、管理体制及企业文化在长期发展中的不断完善，集成能力不断增强，企业集成优势能在较长时间内保持。能力稳定发展阶段的时间长短取决于发展战略和执行能力的统一，执行能力越强，越能贯彻所制定的创新战略，停留在这一阶段上的时期越长。

6.2.3.4　能力衰退或再成长阶段

与生命体最终消亡一样，技术集成能力也会进入衰退期。企业的技术创新行为会随着外部环境和内部资源的变化而更改实施方案，进而影响到创新的模式和能力的利用，而能力利用的减少势必会降低能力的功能水平。如果这时企业无法快速适应环境变化，调整创新战略和发展方向，就会导致企业现有的技术资源、管理制度和学习方式满足不了新形势下的产品技术需求，技术集成能力衰退阶段就会发生，技术集成能力的功能水平可能缓慢地下降，也可能迅速、大幅度地下降，这时相对应的技术集成能力的 3 个碱基都表现为隐性状态。

但也存在另外一种可能性，即企业借助已有的信息监测能力、技术学习能力和技术系统整合能力，及时调整和拓展新的发展战略，利用对技术系统的重构方式或受其他革命性因素的驱动，形成一个全新的技术构架，使技术集成能力发生根本性转变，从而改变能力的发展轨迹，使之跃迁至高一个级别的技术轨道上，为进入下一轮成长周期提供条件基础。

企业技术集成能力在各成长阶段中的特征可以用图 6-6 来表述。图 6-6 说明，在能力的变异—选择—保留演化过程中，当信息感知碱基为显性时，技术集成能力开始组建形成；当技术碱基也从隐性呈现为显性时，技术集成能力进入快速增长阶段；当 3 种碱基都处于显性状态时，技术集成能力进入了稳步发展阶段；当技术集成能力中某个碱基由显性转变为隐性时，其相对应的子能力也会随之发生改变，由强转弱；当所有子能力所对应的碱基都处于隐性状态时，技术集成能力随之衰退和消失，也意味着技术集成的失败。

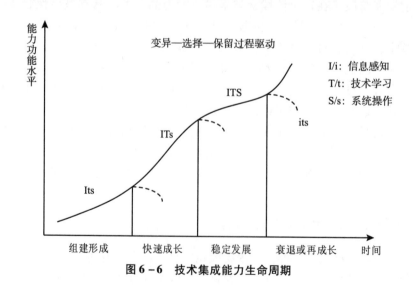

图 6-6　技术集成能力生命周期

6.3 技术集成能力演化机理

通过前面的分析，我们可以较为清晰地了解技术集成能力演化的阶段过程，但仍无法进一步解释这一过程形成的原因。因此，本书以组织惯例为基因进行技术集成能力演化机理的分析，在把握能力本质的同时，使其在能力的提升方面具有一定的可操作性。

6.3.1 技术集成能力演化机理模型

惯例是受组织情景约束的、可识别的、可重复的、多层级行为人之间相互依赖的行为模式，纳尔逊（1982）认为，惯例是有规则的和可预测的企业行为方式，决定企业可能的行为。对组织惯例的早期研究认为，组织惯例是组织常用的一种整理形式，局限于组织行为本身。此后更多的学者从组织中个体的行为视角研究组织惯例的内涵和意义，其目标的多样性和个体行为方式的不同使组织惯例在执行中也呈现不同特征，展现多样性。

随着生物演化思想的融入，组织惯例的变异性成为惯例的主要特征之一，惯例具有可传递性和相对稳定性。纳尔逊将组织惯例类比于遗传基因，认为其存储着组织遗传信息，借助惯例，信息可以在组织间准确传递，同时他们还指出惯例的 3 个基本形式：作为一个组织记忆的形式、作为组织目标的代表、作为组织成员间的停战协议。虽然纳尔逊将演化思想引入了组织惯例，并没有对惯例执行者的能动作用深入探讨，仍局限于被动的适应，但为后续的惯例研究提供了一个非常好的切入点和视角。

技术集成能力是嵌入组织程序或过程内的可识别的具体惯例，包括企业的创新行为的决策惯例、各种专业知识运用的技术惯例、组织人员配置的资源惯例等。惯例可以通过组织学习来改进，这是因为在组织学习过程中，可以对新知识进行识别和选择以更新已有的技术构架，创造出适应性的组织惯例。组织学习输入的是企业的发展战略、目标计划、管理流程与技术系统，输出的则是资源与需求的匹配、知识与能力的匹配、文化与制度的匹配、设计与流程的匹配。

因此，本书认为组织惯例构成了技术集成能力形成的基础，组织学习是技

术集成能力的发展推动力。从演化视角看，技术集成能力的演化就是一个
"惯例"的学习过程，是一套高度结构化的"习惯性反应"。具体来讲，就是
在学习的推动下，企业与外部环境的初始惯例不断进行调整，最终达到较为稳
定的匹配关系，技术集成能力也逐步形成。由于技术集成能力受到一系列环境
和行为的影响，而这些行为由组织惯例来调整，因而企业与环境所形成的匹配
关系也只有一段时间内的稳定，随着外部环境和企业内部的变化，组织惯例也
需随之进行适应调整，这也反映了技术集成能力的能动性和自组织性。

组织惯例演化实质上是与动态环境持续匹配的过程，根据生物演化思想，
其路径有 3 种：复制原有组织惯例使之得到强化；改变原有惯例创造全新组织
惯例；更新、调换、再组合原有惯例。根据这 3 条路径特征，可以得到惯例演
化的 3 种机制：复制机制、变异机制和重组机制，如图 6 - 7 所示。

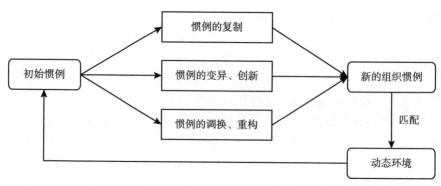

图 6 - 7　组织惯例的演化路径

综合上述分析，并结合生物演化理论和组织惯例理论，本书认为从企业内
部角度看，技术集成能力的演化提升是在复制机制、变异机制和重组机制的共
同作用下，通过对信息感知、技术学习、系统操作 3 种基因的遗传更新，完成
企业要素规模不断增长、要素结构不断改善和系统惯例不断优化。

图 6 - 8 显示了基于组织惯例的企业技术集成能力演化的微观机理。能力
演化是企业内部资源和组织惯例逐渐积累与改善的结果，而内部资源与组织惯
例的积累与改善则是通过遗传基因的变异、选择和保留等一系列演化过程而完
成的。

能力演化机制　　　能力演化基因　　　能力演化动因　　　能力演化表现　　　能力演化结果

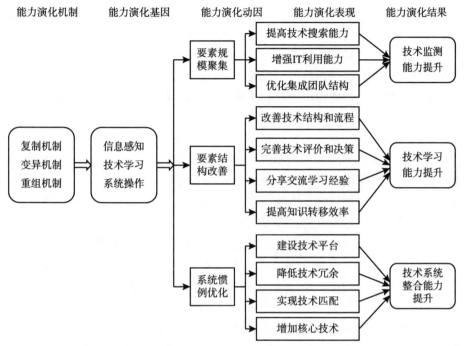

图 6 - 8　技术集成能力演化机理模型

　　由于每个企业的信息感知、技术学习、系统操作所呈现的显性和隐性状态各不相同，企业的资源和惯例因此呈现出巨大差异，表现为企业集成内化能力及集成效果千差万别。同时，企业在集成过程中，受到复制机制、变异机制和重组机制 3 种演化机制的影响，使技术集成能力演化具有一定的规律性和方向性，在能力提升内在动力的驱使下，3 个子能力彼此关联、相互耦合，有不同程度的改变和增长，最终导致技术集成能力的整体提升。本书将对技术集成能力演化机制和内在动因，以及它们在企业技术集成能力演化提升过程中的作用进行进一步阐释。

6.3.2　技术集成能力演化机制

6.3.2.1　复制机制

　　复制是生命体均有的一个基本特征，复制有两层意思：生命体自身某些部分的复制和物种整体的复制。前者属于新陈代谢，后者属于后代繁衍。基因通过遗传复制将生命体的基本性状较为完整地保留了下来，使生物种群得以存在。企业作为一种特殊的生命体，基因的复制过程同样应该存在。企业的基因复制机制是企业在运营过程中形成的，具有稳定性和有序性，正是通过复制机制，企业的特征与性状得以保存和遗传下来，使其与其他企业展现出不同的发展空间。

企业技术集成的发展过程是在企业原有的创新基础之上进行的，因此，企业集成过程的优化伴随着能力基因的遗传。技术集成能力基因通过遗传机制，将结构中的优良基因保持下去，继续为企业集成提供服务。对于企业技术集成能力来讲，其形成的基础是资源与能力匹配，在与外界环境的不断互动中，适宜于集成的环境与过程，在自我复制和自我循环中积累成长。复制机制可以保证技术集成能力的各个子能力在集成过程中的每个环节不断成长，确保企业技术集成的有效实施。具体表现在：①通过基因复制，企业完成创新战略的部署。企业在创新活动中，通过基因复制持续不断地将其特征与性能传递、扩散于企业的各子系统及子企业中，为企业的创新能力提供了最有力的保障和基础，为实现自主创新提供了有效的途径选择。②企业技术集成能力的成长过程伴随着基因复制活动。企业每一次技术集成行为都伴随着企业基因复制行为，新产品研发模式是企业在以往产品的研发模式复制的基础上对产品的性能和使用进行进一步的创新，技术学习是在已有学习方式的复制基础上对知识的结构和学习经验的改善，在复制过程中技术集成能力逐步发展、稳定。③企业通过基因复制提高集成竞争优势。企业可以通过基因复制的方式重塑自己，使一些优秀的基因以复制的方式扩散至企业的每个子系统，优化集成效果，提升综合竞争能力。

同样，竞争对手看到企业的改变和创新后，也会开始摸索其成功基因的奥秘所在，如果对方获取了企业基因的结构构成，就有可能复制出相似的甚至比原企业更具有竞争力的集成能力。因此，基因复制应融入企业自身的技术特征及创新理念，使集成能力不仅得到复制，还有创新，即能力的"变异"。企业为了保持集成优势，应对构成能力领先的优势基因的私密性加以控制，防止同行业其他企业的任意复制。

6.3.2.2 变异机制

企业仅仅依靠功能的复制只能获得暂时的竞争优势，当外部环境发生变化，或者内部资源出现变动时，企业只有改变和创新才能持续发展下去。企业的基因变异是指企业在生存发展过程中，为了适应变化的组织环境主动或者被动地改变要素组合和要素分布，创新出一种全新的组织惯例的过程。不是所有变异后的基因都可以保留下来，是需要经过时间和环境的检验。企业基因的变异不是一次性的，而是会随着周围环境的变化而发生变化。企业基因变异后的结果会体现在企业今后的发展过程中，影响企业的战略决策和创新行为，并最终影响企业的综合竞争力。

在集成实施过程中，企业会发现一些问题，为解决这些解题，企业不断地革新技术、优化流程，提升技术集成能力。当这种能力累积到一定程度时就会跃迁到高一阶段的能力级别，而基因变异是实现这种跃迁的诱因。技术集成能力基因通过自我复制形成了集成优势，随着企业环境的变化，这种优势可能很快就会丧失，所以企业需要通过自主学习，使基因的内在结构及属性发生改变，产生新的能力基因，巩固已形成的集成优势。在此基础上，随着环境的变化，新基因又开始进行新一轮复制，使企业技术集成能力在这种不断的循环过程中得以积累和提升。企业基因在变异机制的作用下，资源整合流程得到改善，系统整合能力得以强化。

技术集成能力基因变异一般都以适应环境为目的，经过一系列识别、评价、更新等行为作用于企业各构成要素，完成企业演化。企业基因的变异机制主要受到内外两方面因素的影响：外部因素是企业所处的各种环境，基因的变异很大一部分取决于这些环境的变化，即环境是基因变异的源动力；内部动因是学习能力，在基因变异过程中，正是因为存在适应性的学习行为和主动创新精神，企业才能快速掌握技术，完善原有技术体系，改善知识结构，最大限度地挖掘团队成员的潜能、分享成员间的成熟经验，持续保持优良的企业基因，并创造出新的优势基因，使企业的创新行为得以顺利进行。

6.3.2.3　重组机制

阿诺德（Arnold，2010）指出，企业只有将竞争优势建立在能力要素的基础上才能以要素产出来获取企业的发展和增长，真正的优势来源于对能力的重组。技术集成能力的演化类似于生命体的演化，经历了能力的组建、快速发展、稳定成长和衰退及再生长，当企业进入衰退期时，如果能及时调整内部结构，对已有技术合理利用并重构技术体系，则技术集成能力将发生根本性转变，从而改变能力的发展轨迹，形成一种跨越式的演进。与变异不同的是，基因重组是重新对碱基进行排序组合,并非基因本身发生变化。企业基因重组从根本上改变了企业及其能力的特征及性状,使企业能力发生巨大变化,是质的飞跃。

技术的快速发展和信息网络的完善,使企业无法掌握也没有必要掌握所有的产品技术,企业应将外部资源和内部能力相结合,对企业要素进行合理配置和重构,发挥整个系统的最大效用,形成有力的竞争优势。技术集成这一创新范式就是企业在原有技术储备的基础上,将外部获取的新技术与自身技术相融合,重构技术体系,以适应动态环境的变化。在集成过程中,企业在对现有技术集成能力基因探究的基础上,识别出不适应环境发展和有改良空间的要素及要素组合,在探求原因的基础上对这些要素重新进行分配、要素间重新进行整合,通过基因重组使企业技术集成能力发生质的变化,跃迁到更高级别的成长轨道上,集成创新得以飞速发展。这些仅仅由基因突变是实现不了的,必须通过基因重组才能实现。

6.3.3 技术集成能力演化的内在动因

巴尼(Barney,2001)认为,企业拥有的资源如果具备异质性和不可替代性,那么这些资源会为企业带来持续的竞争优势。厄本(Urban,2013)又指出,外部因素虽然能够影响企业的形成和发展,但并非决定性因素,资源禀赋相似的企业竞争优势却并不相同,究其原因在于:隐藏在企业资源背后的开发、保护、配置资源的能力才是企业获取竞争优势的最深层来源。资源是能力存在的物质基础,但却不是能力成长的全部诱因。因此,我们有必要深入探寻技术集成能力演化的内在动因,完善其演化机制。企业技术集成能力演化的内在驱动因素主要有3个方面。

6.3.3.1 要素规模聚集

能力的提升,首先表现在资源要素规模的聚集上。在经济学中,规模是指生产产品或服务的数量多少,具有两方面的基本含义:一是指资金、劳动力、原材料等生产要素条件不变,即生产能力不变的情况下生产数量的变化;二是生产设备、技术等生产要素条件发生变化时生产数量的变化。规模经济是指通过扩大生产规模而引起经济效益增加的现象,即在技术水平不变的条件下,随着生产能力的扩大,产量范围内平均成本下降。

资源要素规模可以运用定性方法描述资源的范围大小，也可以用量化指标进行定量描述。资源要素规模的变化根据不同的情况划分，一种是静态的变化，即要素投入不变，产出发生变化；另一种是动态变化，即要素投入发生变化，导致产出随着发生改变。前者可以通过对资源要素的整合实现，后者则以增加资源要素投入的种类和数量实现。资源要素的规模经济可以理解为随着各种资源要素的增加，生产产品的数量和质量不断提升，长期平均成本逐渐下降，使企业获取最佳经济效益的生产规模，它可以使企业收益增加。资源要素的规模经济是决定企业内部结构的重要因素之一，它将直接影响企业今后的战略和经营决策。

就技术集成而言，资源要素规模可以从投入和产出两个角度分析。从投入角度看，要素的规模反映了企业在集成创新过程中资源要素的聚集程度，这些资源要素主要包括：技术资源、财务资源、基础设施资源、管理资源等。它们基本遵循了投入越大，规模越大，进而产出越大的规律，产出增加又反过来促进投入比例的增加，规模进一步扩张。从产出角度看，资源要素规模反映了技术创新的产出水平，可以通过创新产品种类的数量和质量收入两个指标来衡量。创新产品种类数量越多、质量越高，说明通过技术集成，企业可以掌握更多的高新技术，研发出满足市场需求的新产品和新工艺，这就需要企业增加资源要素的数量，也就意味着要素规模的进一步扩大，从而占据更为有利的竞争形势和市场占有率。在这个过程中，随着各种资源要素的整合及匹配，投入比例不断增加，对技术的搜寻能力、评价能力、信息管理能力、技术专家数量和团队成员的个人业务水平等要求也越来越高，在这种高标准严要求下，技术监测能力得以不断提升。

6.3.3.2 要素结构改善

曾树梅（2014）指出，企业的经营环境在动态的变化中，固定的资源、技术和技能要素的组合无法适应变化的环境，核心能力不但不会成为企业获取竞争优势的来源，反而导致原有的核心能力可能成为阻碍企业发展的一个包袱。因此，企业要素结构应与变化的环境相匹配。要素结构是指各种投入要素的种类和数量结构，体现要素的相对密集程度。刘晓萍（2014）认为，虽然企业一直进行着技术创新活动，但内部要素结构性失衡问题也日益凸显，主要体现在要素的需求与供给结构失衡、要素投入结构失衡、空间结构失衡几个方面。

（1）要素需求与供给结构失衡。要素需求与供给结构的失衡突出表现为过分依赖资源要素投入，在不考虑自身资源规模的基础上，盲目地增加要素供给，导致与需求无法匹配，造成了资源要素的失衡与浪费。在技术集成过程中，不仅需要外部技术的融入，更需要将其与企业自身技术融合，形成满足技术系统需求的技术构架，完成集成创新的一系列程序。但由于一些企业过分依靠技术引进，忽视了企业已有的技术能力和研发能力，造成原有技术及设备的闲置，导致技术的需求与供给失衡，又由于学习能力较弱，无法完全理解消化从外部获取的新技术，企业只能停留在简单的模仿创新阶段。

（2）要素投入结构失衡。要素投入结构失衡突出表现在物质资源要素投入多、管理资源要素投入少。企业在准备实施技术集成时，便已开始连续投入大量的能源要素，其中不乏研发设备、实验器材等物力资源以及财务资源的投入，这些都是技术集成得以顺利完成的基本保障。但是，企业往往忽略了当要素规模不断增加、生产能力不断提升时，配置资源的管理要素是否能解决这些因要素投入变化而引起的一系列问题，如果组织管理系统不具备这样的承载能力，那么这就造成了物质资源要素与管理资源要素不匹配的情况。

（3）要素投入与产出结构失衡。要素投入与产出的结构失衡突出表现为投入的资源要素多，而技术创新成果的产出少。现在的企业越来越意识到技术创新是企业能够持续发展和形成长久竞争优势的关键因素，因此，企业无论规模大小都开始进行创新。但由于受到企业自身技术储备基础、技术能力、知识含量、人员专业情况等多方面因素的影响，不同的企业创新能力各不相同。就技术集成而言，虽然企业投入了大量资源，但通过集成达到理想效果的企业并不多，造成了资源要素投入与产出比例的不匹配。

面对上述要素结构失衡问题，企业应该转变、调整要素的内部结构，将资源要素与技术集成过程相匹配，推动创新增长由依靠增加物质资源消耗向内部资源整合、团队成员素质提高、管理创新等方面转变。要顺利实现这一转变，关键在以柔性化组织管理为手段，在贯彻创新战略的同时，利用组织的技术存量，充分挖掘利用现有知识，提高运作效率，同时不断探索新知识以激活更多的缄默知识，提升信息的传递效率，使企业的资源要素结构得以改善，从而达到战略与环境、能力与资源、技术与管理的匹配。

6.3.3.3 系统惯例优化

技术系统与企业环境的匹配是技术集成成功实施的关键，企业需要在面对环境变化时作出迅速反应，调整技术要素的规模和结构，优化技术系统及其平台，提高技术整合系统的敏捷性和灵活性。企业不应将注意力仅放在产品平台，更应重视深化发展技术平台，在产品研发与制造过程中不断发展和完善技术系统。

技术系统是企业进行产品集成创新的有效方式之一，可以缩短创新周期，降低开发费用与制造成本，提高产品质量，同时更好满足用户需求，充分占领细分市场。一般而言，较为完善的技术系统经过优化和整合更加有利于技术集成能力的提升，主要体现在以下几个方面：①技术系统的构建有利于技术的传递、扩散，使内部技术交流更为流畅；②技术系统的完善有利于提高产品的生产效率，进而获取更大的产品收益；③优化后的技术系统更为灵活，有助于各种技术的兼容和耦合，提高产品的研发效率；④技术系统的整合有助于降低技术的冗余度，强化系统的功能性和使用性；⑤技术系统惯例优化将为技术平台的建立提供技术保障。

技术系统的优化可遵循几个方面：一是建立一支跨学科复合型的人才队伍，培养技术人员的知识学习与掌控能力；二是整合组织成员间的技术构思，创建有利于知识共享与技术渗透、转移的学习氛围，全面设计产品框架与控制体系；三是建设技术平台，促进系统各分支技术的协调发展，提高系统间各模块接口程序的耦合性；四是建立有助于多项、复杂技术综合发展的研发基地，形成对技术集成有利的人力资源、物质资源支撑。

6.4　本章小结

本章主要研究技术集成能力的演化过程。在演化理论的基础上，结合生命基因建立了技术集成能力演化的生命模型，分析技术集成能力的双螺旋结构，揭示其形成演化过程，探讨能力生命周期以及每个阶段所具有的特征；在此基础上构建了技术集成能力演化机理模型，详细阐述了技术集成能力的变异机制、复制机制及重构机制，并总结技术集成能力提升的内在动因，从而全面分析技术集成能力的动态演化模式。

第 7 章

技术集成能力的评价

本章通过对技术集成能力水平的系统评价，使企业明确自身能力现状，并基于技术集成能力演化的内在动因及技术集成能力 3 个构成维度之间的相互关系，进一步探讨企业技术集成能力形成及培养的路径及策略，为培养技术集成能力提供建议与参考。

7.1 技术集成能力评价模型的构建

虽然本书对技术集成能力的演化过程及演化机理进行了深入的分析，但技术集成能力概念理解起来较为抽象、不易量化等原因，导致仍然无法形成对技术集成能力的认知和把握，使企业无法在同行业中了解自身技术集成能力的现状，更不便于指导企业查找不足。企业技术集成能力的评价就是通过一定的指标和方法，分析、评估企业对技术资源的管理与控制，使企业在以后分析技术集成能力时不再只是单一地对某一家企业的集成能力作出孤立判断，而是全面综合分析该企业技术集成能力的影响因素及其在行业内的能力现状，提出更具有针对性和更有价值的创新对策。

7.1.1 评价指标体系的构建

技术集成能力是一个复杂的有机整体，其形成与发展有助于企业适应内外部环境的不断变化，以特定的组织结构为基础，以柔性灵活的联结方式为手段，从而使各子能力在相互制约的基础上相互匹配，获得各要素的协同增长，最终实现企业集成创新的整体目标。技术集成能力评价是对技术资源的管理与控制，通过与组织其他资源的相互匹配，共同影响技术集成的效果，使集成化不断完善的综合评价过程。因此，在构建技术集成能力的评价模型时，不仅需要遵循科学性与实用性相结合原则，还应考虑技术集成能力本身所具有的特征，帮助企业发现创新机会并通过对资源要素的整合提升集成创新绩效，获取企业持续的竞争优势。依据前文对技术集成能力内涵的分析，将所构建的技术集成能力结构维度作为评价内容和评价模型的理论依据。

企业技术集成能力评价指标体系的构建是为了检验企业对技术资源整合和利用能力能否适应当前迅速变化的集成化创新发展的新环境。根据前面的理论分析，技术集成能力是由技术监测能力、技术学习能力、技术系统整合能力3个维度构成，其中，技术监测能力又受到 IT 能力、实验能力和集成团队的影响；技术学习能力按照技术学习的过程分为技术获取能力、技术吸收能力和技术利用能力；技术系统整合能力体现的指标是技术匹配度、技术冗余度和技术系统自有核心技术。以技术集成能力内涵与特征为基础，结合指标体系建立的科学性、系统性、可行性原则，本书构建的技术集成能力评价的指标体系由3个一级指标构成，每个一级指标又由3个二级指标构成，总计9个二级指标，具体如图7-1所示。

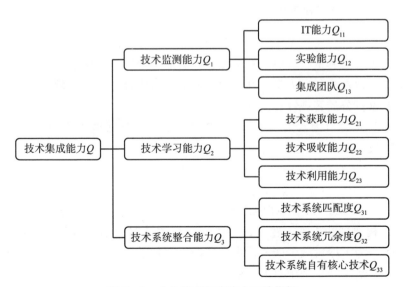

图7-1 企业技术集成能力评价指标

7.1.2 评价方法的选择

考虑到本书所构建的技术集成能力评价指标的动态性及非量化性，单一的评价方法或过于主观或对比度不强，无法客观准确地做出判断，容易造成信息流失，使评价结果有所偏差。逼近理想排序法——TOPSIS 法（Technique for Order Preference by Similarity to Ideal Solution）由黄和尹于 1981 年首次提出，是系统工程中有限方案多目标决策分析的一种常用的决策技术，近年来被广泛应用于多指标的综合评价中。TOPSIS 法与传统的多元统计方法相比，具有分析原理直观、计算简便、对样本量要求不大以及受主观因素影响小等特点。

鉴于此，本书选取层次分析法（Analytic Hierarchy Process，AHP）分析计算各评价指标的权重，并将模糊理论与 TOPSIS 法相结合，借助各样本企业到正、负理想解的距离所确定的相对贴近度作为评价标准，对企业技术集成能力进行判断分析。两种方法的结合应用，不仅可以吸收两种评价方法的优点，互补不足，提高评价方法的易操作性和评价结果的客观性、准确性，同时也能对多企业评价和不同评价企业间技术集成能力的优劣进行比较，符合综合评价的要求。

7.1.2.1 指标权重的确定

指标权重是评价体系中对指标评价的相对重要性的数量表示，因此本书选择层次分析法对其进行计算。在专家选择方面，尽可能挑选了从事技术集成研究的学者、教授和科研人员，并依照专家的权威度进行权重的赋值，尽可能保证每位专家打分的客观性和准确性。

（1）确定评价因素集。评价因素集是企业技术集成能力评价指标的集合，由于企业技术集成能力评价指标分为 2 个层次，即有

$$Q = (Q_1, Q_2, \cdots, Q_i, \cdots Q_n), \ i = 1, 2, \cdots, n \qquad (7-1)$$

$$Q_i = (Q_{i1}, Q_{i2}, \cdots, Q_{ij}, \cdots Q_{in_j}), \ i = 1, 2, \cdots, n \qquad (7-2)$$

其中，n——一级指标 Q 中指标的个数；n_i——二级指标 Q_i 中指标的个数。

（2）构建判断矩阵。在对每个指标进行评估时，不可避免会存在专家的主观判断，为了尽量减少误差，本书选择语意判断，使专家能充分表达其意愿评估值。判断矩阵是基于对上一层要素的评估，以两两对比的方式对下一层各要素进行判断，从而确定矩阵的元素值，具体如表 7 - 1 所示，其中，a_{ij} 为指

标 i 相对于指标 j 的重要程度，且满足：$a_{ij}>0$，$a_{ij}=1/a_{ji}$，$a_{ii}=1$。

表 7-1　　　　　　　　　　　　层次分析法评价矩阵

	A_1	A_2	⋯	A_j	⋯	A_{jn}
A_1	1	a_{12}	⋯	a_{1j}	⋯	a_{1n}
A_2	a_{21}	1		a_{2j}	⋯	a_{2n}
⋯		⋯	⋯		⋯	
A_i	a_{i1}	a_{i2}		a_{ij}		a_{in}
⋯		⋯	⋯		⋯	
A_n	a_{n1}	a_{n2}	⋯	a_{nj}	⋯	1

　　根据层次分析法的原理，采用表 7-2 所示的德尔菲法，专家通过同级指标重要性进行对比，分别给各项指标赋予 1~9 的强度值，构造各层因素之间的两两判断矩阵 A。

表 7-2　　　　　　　　　　1~9 级标度法各标度及其含义

标度	含义
1	两个因素相比，具有相同重要性
3	两个因素相比，前者比后者稍重要
5	两个因素相比，前者比后者明显重要
7	两个因素相比，前者比后者强烈重要
9	两个因素相比，前者比后者极端重要
1/3	两个因素相比，前者比后者稍不重要
1/5	两个因素相比，前者比后者明显不重要
1/7	两个因素相比，前者比后者强烈不重要
1/9	两个因素相比，前者比后者极端不重要
2、4、6、8、1/2、1/4、1/6、1/8	上述判断的中间值

$$A = \begin{bmatrix} a_{11} & a_{12} & \cdots & a_{1n} \\ a_{21} & a_{22} & \cdots & a_{2n} \\ \vdots & \vdots & \vdots & \vdots \\ a_{n1} & a_{n2} & \cdots & a_{nn} \end{bmatrix} \qquad (7-3)$$

（3）确定评价指标权重。获取判断矩阵 A 后，采用方根法求得各指标权重向量

$$w_i = \frac{W_i}{\sum_{i=1}^{n} W_i}，其中 W_i = \sqrt[n]{\prod_{i=1}^{n} a_{ij}} \qquad (7-4)$$

由式（7-4）可以分别得到技术集成能力的 1 级指标的权重集合 w 和 2 级指标的权重集合 w_i，即：

$$w = (w_1, w_2, \cdots, w_i \cdots, w_n)^T, \ i = 1, 2, \cdots, n \qquad (7-5)$$

$$w_i = (w_{i1}, w_{i2}, \cdots, w_{ij} \cdots, w_{in_j})^T, \ i = 1, 2, \cdots, n_j \qquad (7-6)$$

计算出各层级的指标权重后，可进一步得到二级指标相对于其上一级指标的相对权重 w^*。

$$w^* = w \times w_j, \ j = 1, 2, \cdots, n_j \qquad (7-7)$$

受到专家打分主观判断性的影响，构造的判断矩阵不一定是一致性矩阵，当偏离一致性过大时，会导致判断出现一定误差，因此需要对判断矩阵作一致性检验，即计算判断矩阵的随机一致性比率（Consistency Ratio，CR）。

只有当 CR < 0.1 时，才确定该矩阵计算得出的指标权重具有满意的合理性。

7.1.2.2 模糊 TOPSIS 法评价指标

模糊 TOPSIS 评价方法的实质主要在于确定正、负理想解，然后找出与正理想解距离最近且与负理想解距离最远的解作为最优解。因为通常要找到一个最优解比较困难，为此，引入相对贴近度来权衡两种距离的大小，进而判断企业技术集成能力的水平。

（1）确定指标的模糊评价集。在对企业技术集成能力进行评价时，考虑到各指标的不确定性和主观性，采用语意判断来表示，具体分为高、较高、一般、较低和低 5 个等级标准，将 5 个语义变量用区间模糊数来表示，如表 7-3 所示。

表 7 - 3　　　　　　　　　　　　评价指标语义变量及区间模糊数

判断标准	区间模糊数
高	(0.8, 1)
较高	(0.6, 0.8)
一般	(0.4, 06)
较低	(0.2, 0.4)
低	(0, 0.2)

（2）建立加权标准化模糊矩阵。根据语意集，构建初始模糊矩阵。

$$X = \begin{bmatrix} x_{11} & x_{12} & \cdots & x_{1q} \\ x_{21} & x_{22} & \cdots & x_{2q} \\ \vdots & \vdots & \vdots & \vdots \\ x_{p1} & x_{k2} & \cdots & x_{pq} \end{bmatrix}, \ i = 1, 2, \cdots, p, \ j = 1, 2, \cdots, q \quad (7-8)$$

其中，x_{pq} 是第 p 家企业的第 q 个二级评价指标的语意值。

将矩阵 X 标准化为矩阵 R，再根据评价指标的权重 w∗ 和标准化模糊矩阵 R，建立加权模糊矩阵 V。

$$R = [r_{ij}]_{pq}, \ i = 1, 2, \cdots, p, \ j = 1, 2, \cdots, q \quad (7-9)$$

$$V = [v_{ij}] \ v_{ij} = r_{ij} \times w_j^*, \ i = 1, 2, \cdots, p, \ j = 1, 2, \cdots, q \quad (7-10)$$

（3）确定正理想解和负理想解

$$p^+ = (v_1^+, v_2^+, \cdots, v_j^+), \ i = 1, 2, \cdots, p, \ j = 1, 2, \cdots, q \quad (7-11)$$

$$v_j^+ = \{(\max v_{ij} \mid j \in J_1), (\min v_{ij} \mid j \in J_2), \ i = 1, 2, \cdots, p\} \quad (7-12)$$

$$p^- = (v_1^-, v_2^-, \cdots, v_j^-), \ i = 1, 2, \cdots, p, \ j = 1, 2, \cdots, q \quad (7-13)$$

$$v_j^- = \{(\min v_{ij} \mid j \in J_1), (\max v_{ij} \mid j \in J_2), \ i = 1, 2, \cdots, p\} \quad (7-14)$$

其中，J_1 为效益型指标集，J_2 为成本型指标集。

（4）计算每个样本到正、负理想解的距离 (d_i^*)、(d_i^-)

$$d^+ = \sqrt{\sum_{j=1}^{q} (v_{ij} - v_j^+)^2}, \ i = 1, 2, \cdots, p, \ j = 1, 2, \cdots, q \quad (7-15)$$

$$d^+ = \sqrt{\sum_{j=1}^{q} (v_{ij} - v_j^-)^2}, \ i = 1, 2, \cdots, p, \ j = 1, 2, \cdots, q \quad (7-16)$$

（5）计算指标的贴近度（C^*）

$$C_i^* = \frac{d_i^-}{d_i^+ + d_i^-}, \; i = 1, \; 2, \; \cdots, \; p \qquad (7-17)$$

按照贴近度最大原则为参与评价的样本企业技术集成能力进行排序，了解各样本企业现阶段技术集成状况，分析不同样本企业技术集成能力的特点，为技术集成及其能力的发展提供相应建议。

7.2 技术集成能力评价的实证研究

为了对所提出的企业技术集成能力的作用机理及演化提升理论进行验证，本书选取哈尔滨电气集团有限公司（以下简称"哈电集团"）进行案例分析。哈电集团是在原有哈尔滨"三大动力"等企业的基础上组建而成的我国最大的发电设备制造企业，是我国国有重要骨干企业之一。哈电集团走过了一条从技术引进、集成创新到自主创新的成功之路，为实现我国发电设备制造水平的整体提升作出了巨大贡献。针对哈电集团技术集成能力展开分析，将为正在摸索集成创新道路的其他企业提供理论借鉴。

7.2.1 哈电集团基本情况

哈电集团有限公司始建于1951年，是我国最早组建的较大的集发电设备、舰船动力装置、电力驱动设备为一体的研究制造基地和成套设备出口基地。作为我国标杆级装备制造企业，哈电集团开发制造出中国第一台水轮发电机组和火电机组、自主研发出大型混流式水轮发电机组、首台超临界汽轮发电机组。目前，哈电集团大型水电产品占国内市场份额的50%以上，大型水电产品占国内市场份额的45%以上，大型煤电产品达到30%以上。

60多年来，哈电集团经历了技术引进、集成创新到自主创新的技术路线，从初始的分包商、合作生产，到后来的独立承包、掌控核心技术、拥有自主知识产权，再到今天的自主研发、协同创新，哈电集团依靠自身努力和科技创新不断塑造其核心竞争优势。哈电集团"大成套、高端化"设备产品出口到世界多国，其工艺技术和成套装备技术跻身国际先进水平。

在企业R&D方面，哈电集团不断强化科研体系建设，完善科研管理机制，将基础研究、上游技术层、新产品开发层、制造技术层等各层次的研发网络结合，构建了多层次一体化的研发体系。哈电集团一直致力于科研团队的建设，依次建立了发电设备国家研究中心、国家水力发电设备工程技术研究中心、水力发电设备国家重点实验室等国家级研发机构。先后增加两个博士后工作站，其中新建立的燃机院士工作站，为黑龙江省第一个企业院士工作站。

7.2.2 哈电集团技术集成能力现状

哈电集团非常重视企业的集成创新，尤为重视技术系统的建设及技术资源的集成化管理。为了更为清楚地了解哈电集团技术集成及其能力现状，本书结合第三章企业技术集成能力的构成维度及第四章测量量表的开发，从技术监测能力、技术学习能力及技术系统整合能力 3 个方面对哈电集团技术集成能力的状况进行了调查和评价，所得的结果如表 7 - 4 所示。

表 7 - 4　　　　　　　　哈电集团技术集成能力情况调查

构成维度	指标变量	得分
技术监测能力 （4.02）	TMC2：组织成员拥有较好的逻辑思维能力、实验操作能力	4.0
	TMC3：可以及时针对实验中的错误、反馈意见进行改良	3.8
	TMC5：组织成员拥有较为丰富的 IT 资源	4.5
	TMC7：组织成员中"T"型人才超过 50%	4.3
	TMC8：组织成员中有先期项目经验的人数超过 30%	3.5
技术学习能力 （3.96）	TLC1：目前与外部组织（包括顾客、供应商、高等院校等）已建立战略联盟、合作研发关系，以获取所需技术	4.5
	TLC2：能快速发现辨别内外各种新技术、新知识、新变化、新机会	4.0
	TLC5：组成成员能在企业范围内有效传播和分享知识经验	4.0
	TLC7：善于利用技术资源开发新的用途，增加新的收入来源	3.5
	TLC8：善于改善技术利用的方式或流程，提高顾客满意度和劳动生产力	3.8

构成维度	指标变量	得分
技术系统整合能力 (3.56)	TSIC1：各分支技术在整合后能够较好地融合并发挥功能	3.6
	TSIC2：获取的技术与企业自有技术能较好地匹配运行	3.0
	TSIC3：集成后基本不产生副效果或无效果的技术	3.0
	TSIC5：企业申请和获取的专利数处于同行业的较高水平	4.2
	TSIC7：企业研发新产品的成功率处于同行业的较高水平	4.0

表7-4中的数值，是哈电集团高层管理者及技术人员打分的平均值，调查采用的是李克特量表，其中，1表示非常差，5表示非常好。通过表中分数值可以看出，哈电集团目前整体的技术集成能力是比较好的，其中，技术监测能力数值达到了4.02，其次是技术学习能力达到3.96，最后是技术系统整合能力3.62，3个子能力的得分都超过了3，这说明哈电集团比较重视技术集成的实施及培育。下面结合哈电集团各项指标情况进行具体分析。

在技术监测能力中，IT资源与"T"型人才两项指标值得分值非常高，超过了4。这是因为哈电集团一直重视信息技术应用和复合人才的培养。哈电集团在企业信息化方面投入很大，购买了大量的基础设施，建立了完善的管理信息系统，与外界保持良好的信息互换及信息流动。同时，哈电集团还设有国家大电机水轮机质量技术监督检测中心，有国家防爆设备发证质量技术监督检测中心等，从信息技术上支持哈电集团的创新战略的实施。哈电集团在人才的引进及培养方面，也给予了高度的重视。国家级企业博士后工作站、国家人才基地的建设，保障了企业所需大量科研人才的培养和输送。这些科研机构无论是专业人才力量、装备水平，还是科研能力均在我国电站设备装备制造行业中名列前茅，并且持续不断地为行业提供成套的工程化研究成果，使科研成果转化为企业的技术能力和研发能力。同时，哈电集团在进行人才培养的同时，还注重吸引相关学科高水平的工程技术人才，对引入人才实施相应培养计划，为企业技术创新提供后备力量。

在技术学习能力中，合作研发、技术识别及技术选择指标数值比较高，尤其是与国内外高校、科研机构建立的合作研发数值超过了4，这表明哈电集团非常重视技术研发与合作创新，注重产学研相辅助的有机结合。哈电集团通过不断地与国内外知名高校、科研机构的项目合作，在技术、管理、文化等各方面对企业给予补充，共同攻克高尖端技术创新，解决企业实质问题的同时，也逐步为企业培养出大量优秀储备人才。在识别方面，哈电集团吸取了以往的经验教训，对引入技术进行充分论证和评估，提升技术的利用率及匹配性，扩大技术源的选择范围，从深度及广度上获取更为适合企业发展、性价比较高的外部技术。相比其他各项指标，哈电集团在技术利用能力方面稍显薄弱，这是因为在不断引进外部技术资源的同时，企业的技术吸收能力与技术引进发展不平衡，企业不能完成理解并消化新技术和新知识，导致了某些技术转化和扩散率不高，造成了技术集成及再利用程度较低。这些在技术集成中出现的现实问题，应引起企业管理者的重视。

在技术系统整合能力方面，申请专利数与新产品的成功率两项指标较高，这是由于哈电集团非常重视研发水平及创新成果的转化与应用。哈电集团不断加强知识产权管理工作，制定完善了专利管理办法和奖励措施，截至 2021 年，哈电集团共拥有有效专利 3712 项，其中发明专利 826 项。在成果转化上，哈电集团为科研成果与实际转化之间建立了直通网络，将创新技术应用在发电设备的具体研发和生产中，其大型水电、大型空冷机组、高水头水力试验台等电站核心设备技术在国际同行业中处于领先地位。在科研基础条件投入上，哈电集团在原有国内一流的试验条件基础上，不断投入资金用以更新实验设施、购进科研仪器，为科研技术人员营造良好的工作环境。从指标中还可以看出，技术整合后的匹配性及冗余度数值不高，这也表明了哈电集团虽然在技术创新中取得了不错的成绩，但在技术集成各分支技术的接口耦合及技术系统整合方面还有进一步改善提高的空间。

7.2.3　哈电集团技术集成能力的演化过程

7.2.3.1　哈电集团技术集成及其能力的形成阶段

哈电集团生产经营范围涉及广泛，包括汽轮机组以及各种控制保护装置等技术及设备的研究开发。由于这些产品技术构成十分复杂，涉及各领域各门类的不同技术知识，如果完全依靠企业自主开发，就会受到"木桶效应"的限制，无法保证创新的时效性，而且创新代价过高，影响企业整体效益；如果将技术引进作为获取核心技术的唯一方式，又会受到"天花板效应"的影响，无法引入核心技术，技术创新遇到瓶颈。因此，为实现企业技术创新的跨越式发展，哈电集团以技术集成作为产品研发生产的新模式，充分利用在国内、国外两个市场，借助资源优势，整合技术要素，加快技术追赶步伐，突破创新中的技术瓶颈问题。

技术集成的开展需要企业自身具有一定的资源和能力作为支持。鲁布革水电站的水电机组由装有 4 台 15 万千瓦的混流式水轮发电机组成，单机容量 150 兆瓦，转轮直径 3.442 米，最大水头 372.5 米，定额水头 312 米。哈电集团当时的技术水平还不能完全掌握研发制造高水头水电机组的所有技术，无法独立承担该产品的设计与制造。

哈电集团认识到自身的问题后，意识到应借助外部技术资源进行研发，以弥补技术能力不足导致无法独立研发等问题，于是决定通过与挪威公司合作，联合中标进行高水头电机组的设计及制造。在此合作过程中，挪威公司将设计图纸、制造工艺向哈电集团转让，并针对核心技术向哈电集团进行相应计划培训。通过该项目合作，哈电集团向挪威公司学习了先进的设计和制造流程，掌握了国外领先的设计和制造高水头混流式水电机组产品的重要技术，弥补了自身在此领域的空白，丰富了企业技术体系。共同设计制造的水轮机转轮改善了流态，增加了受压面积，强化了汽蚀性，成功适用于高水头和水流含有泥沙的电站，提升了运行效率。经过此次合作研发，哈电集团认识到市场的开放性，开始重视对外部技术资源的获取，也逐步认识到技术集成模式对创新的关键作用。哈电集团将从外部获取的设计思想和领先技术融入已有的产品技术体系中，以自身的努力设计出适合我国特有的水文地质状况的高水头大型水电机组，并运用在随后的项目中。

技术集成模式的成功运用使哈电集团认识到应在关注获取外部技术资源的同时，还需形成支撑技术集成实施的技术集成能力，优化集成过程，将获取的外部技术有效融入企业自身技术体系中，激活企业存量技术，使信息、知识在企业内部流动、转移。在技术集成模式不断实施的过程中，哈电集团技术集成能力也得以培育和形成。

7.2.3.2 哈电集团技术集成变革及能力的发展阶段

哈电集团通过技术集成提升创新能力，使国外同行业企业对哈电集团的技术支持和技术输出更为限制。同时，近年来关于水电机组产品的设计和制造技术也在不断更新，这使得哈电集团仅依靠从外部获取技术资源支撑企业的技术创新已远远不够，需要不断提升企业自主创新能力。集成创新凭其特有的创新模式特点，更广泛应用在哈电集团的设计研发中。集成创新是由技术集成、知识集成、战略集成、组织集成和管理集成融为一体的综合创新方式，其核心在于促进企业内外各要素的系统整合、协同发展。作为集成创新的核心内容，技术集成一直是各企业重点关注的技术管理范式。哈电集团也不例外，企业形成了一个技术—市场—战略相互集成为主导的三角结构，使技术集成与市场需求有效结合，充分发挥技术集成特征，发掘技术资源、整合市场资源、优化集成流程，在获取外部技术的基础上，将企业内外技术进行有机整合，融入自身的技术体系中，实现技术追赶，提升创新能力。在集成思想的主导下，哈电集团通过技术学习，充分吸收、消化新知识、新技术，将隐性知识在组织内部激活、传播及分享，提升技术势能，将获取的先进技术整合到自身的产品开发设计与制造技术体系中，集成创新绩效得到跨越式提升。

三峡工程的启动为哈电集团提供了千载难逢的历史机遇。三峡水电站需要大量的水电发电机组，而且发电机组多数为超级型特大部件，结构复杂，对技术工艺要求非常高，研发生产都很不易。最早建设的左岸 14 台机组在国际公开招标，哈电集团与瑞士 ABB 和法国阿尔斯通公司合作，承担了其中 8 台机组的设计制造任务。由于三峡机组产品要求异常复杂，在很多方面需要进行全新的开发设计和产品型试验，各厂商均没有足够把握按时完成任务。哈电集团将集成思想系统运用在整个研发制造过程中，大量引入国外最先进产品设计和制造技术，有效配置各方资源，最大限度地为产品创造价值，完善企业技术系统，优化产品和技术平台。

哈电集团随后引进了全部 700 兆瓦巨型水轮机技术，并派出大量科研人员出国学习。通过技术学习，将这些核心技术吸收、消化，转化为自身技术知识，植入产品设计的技术体系之中。在逐步掌握核心技术后，哈电集团作为独立承包商与三峡签订了右岸 4 台机组，创造出空冷技术，攻克了水轮机的世界性难题及绝缘等二十几项科研难关。

生产制造三峡生产发电机组全部完工，并达到精品机组目标，哈电集团实现了从左岸发电机组的分包到右岸的独立承包，从技术引进到集成创新再到资质创新的大跨越。这标志着哈电集团通过集成创新，在发电机组的设计技术水平和制造能力上与国外领先企业不相上下，其技术集成能力在企业不断吸收、创新中得以成长，并随着企业战略和需求导向动态发展、优化革新，以适应环境的变化和时代的要求。

7.2.3.3 哈电集团技术集成能力的重构及提升阶段

随着竞争环境的迅速变化，产品需求的不断升级，原有的技术系统已无法满足哈电集团的创新行为。哈电集团开始摸索集成创新模式中更高级别的目标及追求。哈电集团通过深入分析客户、市场环境，寻找与竞争对手的优势和劣势，细分目标市场等手段，将技术集成能力构成要素逐一研究，识别出不适应环境和有改良空间的要素及要素组合，在探求原因的基础上对这些要素重新进行分配、整合，通过建立集成机制对企业技术集成能力进行重构，加大技术的二次利用及系统化整合，完善技术平台的建设，使技术集成能力在不断地循环积累下发生质的变化，跃迁到更高级别的成长轨道上，集成创新得以持续发展。

哈电集团通过技术系统重构，将先进产品技术独立应用到最新一批高效新型轮转产品的开发以及一些老产品技术改造中去。由哈电集团研发的集成创新型 600MW 汽轮机，是我国首台具有真正意义的冲动式与反动式相结合的亚临界 600MW 机轮机，且技术性能良好，各项指标均达到国际先进水平。集成创新型 600MW 汽轮机是在对技术整合及再利用的基础上设计研发的，在原有的合缸结构基础上进行系统创新，对机组长度进行缩短，从而降低机组制造成本，使该汽轮机适用于承担中型电网的基本负荷，以及大型电网的调峰负荷。该项目的完成，不仅提高了哈电集团汽轮机的设计制造水平，同时实现了哈电集团的集成化创新战略目标，为技术集成今后实施提供了宝贵经验，也积累了相应技术集成能力。通过对技术的重构和二次创新，哈电集团在对传统产品技术利用的同时，加快集成化进程，设计开发了超超临界燃煤发电技术、超临界 600MW 火电机组成套设备研制、超超临界 1000MW 火电重大装备研制、无燃油燃煤成套技术等多项高尖端技术。

哈电集团通过不懈努力已经跨越技术和管理的引进、模仿阶段，在成功实施了集成创新战略后，技术集成能力也趋于稳步增长阶段。企业如果不重新进行战略定位，输入新鲜要素，企业的技术集成能力可能会步入能力的衰退或消亡阶段。哈电集团可借助已成熟的信息监测水平、学习能力和技术系统整合能力，及时调整和拓展新的发展战略，利用对技术的重构方式或受其他革命性因素的驱动，使技术集成能力发生根本性转变，从而改变能力的发展轨迹，进入下一轮的能力成长周期中。

7.2.4 对哈电集团技术集成能力的评价

通过前面构建的企业技术集成能力评价模型可以对哈电集团技术集成能力进行评价。本书以哈电集团下属 4 家企业为例,对集团技术集成能力进行评价。4 家企业分别是:哈尔滨锅炉厂有限责任公司、哈尔滨汽轮机厂有限责任公司、佳木斯电机厂、哈尔滨电机厂有限责任公司。根据本书所设计的技术集成能力评价指标体系,采用电子邮件和面访等形式,对 4 家企业的技术集成能力基本情况进行问卷评分。在此基础之上,对回收的数据进行汇总统计,选用 AHP - 模糊 TOPSIS 法进行综合计算,并对得出的结果进行了深入的分析。

考虑到权重赋值的重要性,本书聘请了 6 位业内专家,运用上述提炼的企业技术集成能力评价指标和评价模型展开评价。6 位专家对一级指标的相对重要性和二级指标的相对重要性的比较见表 7 - 5、表 7 - 6。

表 7 - 5　　　　　　　　　　一级指标相对重要性比较

指标比较	专家 1	专家 2	专家 3	专家 4	专家 5	专家 6
Q1/Q2	1/2	1/2	1/3	1	1/2	1/2
Q1/Q3	2	2	2	2	1	2
Q2/Q3	2	1	2	1	2	2

表 7 - 6　　　　　　　　　　二级指标相对重要性比较

指标比较	专家 1	专家 2	专家 3	专家 4	专家 5	专家 6
Q11/Q12	2	1/5	3	2	1/4	3
Q11/Q13	1/3	2	1/2	1/4	3	1/2
Q12/Q13	1/4	1/3	2	1/3	3	1/3
Q21/Q22	1/2	1/5	2	1/4	1/3	3
Q21/Q23	1/5	1/4	1/2	1/3	1/2	1/2
Q22/Q23	2	3	1/4	2	2	1/5
Q31/Q32	2	1/3	3	1/5	2	1/4
Q31/Q33	1/2	1/3	1/3	1/4	1/2	1/2
Q32/Q33	1/4	3	1/5	2	1/2	4

（1）运用 AHP 法确定指标权重。根据前面建立技术集成能力的一、二级指标的判断矩阵 A、A_i 得出以下矩阵。

$$A = \begin{bmatrix} 1 & 0.56 & 1.83 \\ 1/0.56 & 1 & 1.67 \\ 1/1.83 & 1/1.67 & 1 \end{bmatrix} \qquad A_1 = \begin{bmatrix} 1 & 1.74 & 1.09 \\ 1/1.74 & 1 & 1.04 \\ 1/1.09 & 1/1.04 & 1 \end{bmatrix}$$

$$A_2 = \begin{bmatrix} 1 & 1.05 & 0.38 \\ 1/1.05 & 1 & 1.58 \\ 1/0.38 & 1/1.58 & 1 \end{bmatrix} \qquad A_3 = \begin{bmatrix} 1 & 1.29 & 0.35 \\ 1/1.29 & 1 & 1.63 \\ 1/0.35 & 1/1.63 & 1 \end{bmatrix}$$

由式（7-4）计算得出一级指标的权重是 $w = (0.322, 0.458, 0.220)^T$。同理，可以计算出二级指标的权重：

$w_1 = (0.409, 0.273, 0.318)^T$；

$w_2 = (0.210, 0.387, 0.403)^T$；

$w_3 = (0.251, 0.354, 0.395)^T$

根据各级指标的权重，参考式（7-7）可以进一步得出二级指标相对于一级指标的权重。

$w^* = (0.132, 0.088, 0.102, 0.096, 0.177, 0.185, 0.055, 0.078, 0.087)^T$

经过一致性检验，$CR < 0.1$，该指标权重具有满意的合理性。

（2）运用 TOPSIS 法计算评价指标。在通过 AHP 法得到各层指标的权重后，根据表 7-3 的评价标准，依次对哈尔滨锅炉厂、哈尔滨汽轮机厂、佳木斯电机厂、哈尔滨电机厂 4 家企业技术集成能力的二级评价指标进行评价，得到模糊评价矩阵 X。

$$X = \begin{bmatrix} (0.2, 0.4) & (0.4, 0.6) & (0.4, 0.6) & (0.6, 0.8) \\ (0.6, 0.8) & (0.2, 0.4) & (0.4, 0.6) & (0.2, 0.4) \\ (0, 0.2) & (0.6, 0.8) & (0.2, 0.4) & (0.4, 0.6) \\ (0.2, 0.4) & (0.4, 0.6) & (0, 0.2) & (0.2, 0.4) \\ (0.6, 0.8) & (0.2, 0.4) & (0.2, 0.4) & (0.4, 0.6) \\ (0.4, 0.6) & (0.4, 0.6) & (0.2, 0.4) & (0.6, 0.8) \\ (0.2, 0.4) & (0, 0.2) & (0.6, 0.8) & (0.6, 0.8) \\ (0.6, 0.8) & (0.2, 0.4) & (0.2, 0.4) & (0.4, 0.6) \\ (0.2, 0.4) & (0.6, 0.8) & (0, 0.2) & (0.2, 0.4) \end{bmatrix}^T$$

将矩阵 X 进行标准化为矩阵 R，再根据式（7-10），构建出加权模糊矩阵 V。

$$V = \begin{bmatrix} (0.033,\ 0.066) & (0.066,\ 0.099) & (0.066,\ 0.099) & (0.099,\ 0.132) \\ (0.066,\ 0.088) & (0.022,\ 0.044) & (0.044,\ 0.066) & (0.022,\ 0.044) \\ (0,\ 0.026) & (0.077,\ 0.102) & (0.026,\ 0.051) & (0.051,\ 0.077) \\ (0.032,\ 0.064) & (0.064,\ 0.096) & (0,\ 0.032) & (0.032,\ 0.064) \\ (0.133,\ 0.177) & (0.044,\ 0.089) & (0.044,\ 0.089) & (0.089,\ 0.133) \\ (0.093,\ 0.139) & (0.093,\ 0.139) & (0.047,\ 0.093) & (0.139,\ 0.185) \\ (0.014,\ 0.028) & (0,\ 0.014) & (0.041,\ 0.055) & (0.041,\ 0.055) \\ (0.059,\ 0.078) & (0.020,\ 0.039) & (0.020,\ 0.039) & (0.039,\ 0.059) \\ (0.022,\ 0.044) & (0.065,\ 0.087) & (0,\ 0.022) & (0.022,\ 0.044) \end{bmatrix}^T$$

由于所选用技术集成能力的评价指标除技术系统冗余度（Q_{32}）为成本型指标，其他均为效益型指标，数值越大越优，所以根据式（7－11）~式（7－12）计算得出 4 家企业的技术集成能力的二级评价指标的正、负理想解如表 7－7 所示。

表 7－7　　　　　　　　　二级评价指标的正、负理想解

二级指标	正理想解 P^+	负理想解 P^-
Q_{11}	(0.099, 0.132)	(0.033, 0.066)
Q_{12}	(0.066, 0.088)	(0.022, 0.044)
Q_{13}	(0.077, 0.102)	(0.000, 0.026)
Q_{21}	(0.064, 0.096)	(0.000, 0.032)
Q_{22}	(0.133, 0.177)	(0.044, 0.089)
Q_{23}	(0.139, 0.185)	(0.047, 0.093)
Q_{31}	(0.041, 0.055)	(0.000, 0.014)
Q_{32}	(0.020, 0.039)	(0.059, 0.078)
Q_{33}	(0.065, 0.087)	(0.000, 0.022)

由表 7－7 和式（7－15）、式（7－16）计算出各企业到正理想解和负理想解的距离，再结合式（7－17）得出各企业指标的相对贴近度，如表 7－8 所示。

表 7 - 8   模糊 TOPSIS 评价结果

	d^+	d^-	C^*
哈尔滨汽锅炉厂有限责任公司	0. 132	0. 119	0. 474
哈尔滨汽轮机厂有限责任公司	0. 121	0. 146	0. 528
佳木斯电机厂	0. 170	0. 107	0. 386
哈尔滨电机厂有限责任公司	0. 088	0. 142	0. 617

由表 7 - 8 可知 $C_4^* > C_2^* > C_1^* > C_3^*$，即哈尔滨电机厂有限责任公司的技术集成能力最强，佳木斯电机厂的技术集成能力与其他 3 家相比最弱。结合模糊评价矩阵可以看出，哈尔滨电机厂有限责任公司的 IT 能力、技术利用能力和技术系统匹配度较其他 3 家有明显优势，其余指标也在 4 家平均水平范畴上，表明哈尔滨电机厂拥有较为良好的基础设施和创新能力，技术集成能力发展较为成熟，集成效率较高；佳木斯电机厂的技术获取能力、技术利用能力和技术系统自有核心技术比例相对较低，表明该企业由于技术学习能力不足、技术基础薄弱等原因，其成果转化率不高，集成效果不明显，可见其技术集成能力仍处于初级阶段，亟须提高；哈尔滨锅炉厂有限责任公司和哈尔滨汽轮机厂有限责任公司各自由于集成团队的组织效率、技术系统匹配度较低等原因影响各自的技术集成能力。根据评价结果可以总结出，哈电集团下属公司集成化创新成果较高，支持技术集成的内化能力在同行业中处于领先地位。但也应该重视各隶属企业在技术创新中存在的问题，在加强对企业技术集成过程规范化管理的同时，应更进一步分析明确各企业技术集成能力产生差异的原因，有的放矢地从信息化管理、学习能力培养、自身技术基础提升中，不断完善企业的技术集成系统，提升技术集成能力，以适应市场环境的动态变化，从而使整个集团最终拥有充分的自主创新能力。

7.3 本章小结

本章首先构建了技术集成能力评价模型，并采用层次分析法和逼近理想排序法对技术集成能力进行综合评价研究，为技术集成能力的培养提供决策依据；其次选取哈电集团进行案例分析，对哈电集团集成化发展现状、技术集成能力演化过程进行分析，根据所构建的技术集成能力评价模型对哈电集团下属4 家公司技术集成能力进行了评价，对比分析 4 四家企业技术集成实施效果的差异所在，并给出相应的改进建议。

第 8 章

技术集成能力的提升策略

企业集成化的关键并不是对技术、人员、信息、设备等要素中某一种要素的充分利用，而是在于对整个资源要素的系统化集成，对集成创新实施全过程、技术资源管理利用及技术系统平台建设的综合把握。

8.1 内生性策略分析

8.1.1 加强信息化管理

随着企业内部管理和外部环境复杂性的增加，如何在企业内进行有效的信息化管理已经成为企业首要解决的问题。信息是一种无形资产，已经成为决定企业资源与能力发展的关键。企业对信息技术的运用以实现信息化为目标，从而提高企业的劳动生产率和执行效率，创造企业价值。

在技术集成实施过程中，企业需要从外部获取技术，利用获取来的技术与内部技术相整合，构建产品的技术框架，研发出新产品及新工艺。然而，面对快速变化的技术环境和复杂的社会网络，如何及时、迅速地获取有价值的信息、技术成为企业拥有持续竞争优势的关键。外部技术的有效获取正是依赖企业的信息化管理及信息技术能力。较强的信息技术能力可以使企业更为快速地掌握最新市场动态，提供完善的管理信息系统，建立良好的客户关系，促进企业内部各部门之间的知识共享，为技术监测的实施提供有力保障。IT 能力不仅仅是存在于某个阶段的能力，而是跨越界限存在于整个技术监测过程中的能力，它包括组织中有关信息管理所需的各方面能力，并通过信息手段对产品工艺进行技术追踪及技术测评。

加强企业的信息化管理主要体现在管理信息系统、信息技术能力、信息管理人员 3 个方面。

在管理信息系统方面，应该做到以下几点：重视信息资源的获取，及时跟踪信息技术的最新进展，识别和选择适合企业发展的先进信息技术，更好地利用企业资源，不断更新和完善包括决策支持系统、项目管理专项系统、财务系统等在内的管理信息系统，使企业获取有效行业核心技术的发展状况与发展趋势；采用现代化的信息管理技术，在原有网络的基础上，更好地发挥系统的管理功能，形成完备的技术构架、客户端配置、网络计算方案、服务器配置方案等，随时解决系统出现的新问题，使企业内部技术信息能够有效地传递；建立健全的技术信息管理规章制度和安全机制，为系统提供理想的安全性保障功能，保证数据的安全性和正确性；建立完善的企业内部技术信息分析系统，对管理信息系统进行升级评析，为企业提供多层次的安全控制功能，帮助企业对生产设备的状况进行正确合理的评价。

在加强信息技术能力方面，主要从技术基础设施和信息技术人员的管理两方面考虑。技术基础设施是保障企业信息化战略的首要因素。企业应加强对技术基础设施的建设和管理工作，提高基础设施的服务能力，提高设备使用率，在保证信息技术系统的正常运行的同时，还要不断地提高基础性设施的服务质量，确保技术集成过程进展顺利。同时，还要考虑到成本问题，对所有基础设施进行定期系统检查和系统维护，降低维护成本和设备折旧率，保证项目的及时交付和完成质量。

企业完善信息化需要在妥善管理技术基础设施的同时，完善信息管理人员梯队的建设，其中最关键的是对高素质的复合型人才，即"T"型人才的培养。如果企业缺乏"T"型人才支持，不论是信息化发展还是技术系统结构规划都可能会陷入杂乱无章的境界，导致企业无法完成集成创新。企业在实际工作中，应注重"T"型人才的培养，提升复合型人才的素质，使团队成员在夯实自身专业技术知识的同时通览其他领域的知识，在拥有扎实的专业性知识和技能的基础上，拓展知识领域，培养敏锐的观察力和理解力，从而适应技术环境的变化，满足企业技术集成人才需求。

8.1.2 建设学习型组织

以技术学习为方法手段的技术创新是企业技术集成能力形成、发展的重要基础。通过组织间学习可以调整要素结构，强化要素内涵，因此，技术集成能力的培育要求需要学习机制的配合，而在学习机制中，组织结构的建立与设计非常关键。学习型组织因其特有的内部结构和学习能力成为技术集成能力培育和发展的重要途径。本书认为，建设学习型组织可从以下几个方面着手：

（1）开放式管理。权力型和开放型两种不同的企业管理方式形成了企业不同的制度与管理模式。权力型的基本管理模式是等级式的，其特征是企业所有决策是由高层管理者自己决定的，基层管理者很少有机会表达自己的想法和建议，造成组织无法有效分享信息和技术，影响到企业的学习效率和效果；开放型的管理模式特点是实行自主管理，能较为充分发挥组织成员的管理主动性和积极性，使日常工作与学习分享紧密结合，参与到组织决策中，以开放求实的心态交流合作，增加组织快速应变能力，提升技术学习能力。

企业要想实现开放式组织管理模式，首先应加强组织基层成员的学习愿景、改善心智模式，开发成员的学习潜能，完善企业的学习机制，建立组织成员正确的价值观和世界观，帮助他们超越自我，实现自身价值。对于企业中高层管理者更应组织定期学习，为他们搭建交流平台，使他们认识到在集成化创新中知识结构的改变和知识特征的变化，及时调整管理思想、管理模式，从而使企业的组织制度和组织结构与创新战略相匹配。同时，企业应加强创新文化建设，营造出自由民主的企业文化，鼓励各种创新方式，建立长期有效的激励机制，对有创新想法和创新行为的个人予以表扬和奖励，加速成员的学习进度和成长过程。

（2）塑造学习型企业家。集成过程中需要处理和识别大量的信息和各类技术，这大大提高了技术的不确定性，如何在众多种类繁多的各门类技术中快速有效地获取适宜技术，把握市场机遇，降低风险，从容不迫地制定正确的发展路线，这都依赖企业家能力。企业家能力包括把握机遇的能力、敏锐的洞察力、正确果断决策的能力、良好沟通交流的能力等，而学习是企业家拥有这些能力的必要条件。

企业家学习是指企业家通过对知识的认知、理解和利用提升自身素养和综合能力的过程。开展一系列的学习计划是丰富企业家知识储量、拓展知识技能、更新知识结构的主要方法，也是提升企业家能力的重要手段。明晰学习是指在主动意愿的驱动下有意识地获取、吸收和使用专业知识与技能解决特定问题的过程，一般情况，当企业家主观认识到自身能力有所不足时，便应主动地搜寻知识进行学习，拓展知识领域，提升个人能力。塑造学习型企业家，就是要使企业家充分认识到学习的重要性，这要求企业营造良好的学习氛围，使企业家将企业长期目标与个人发展目标相统一，提升学习意愿，自主投入学习中去。而且要扩大企业家视野，将其注意力从企业内部的资源部署、配置转移到对市场机遇的把握和企业发展战略的思考上，站在更为宏观的角度考虑企业未来的发展。

（3）增强企业网络间合作学习。合作学习是指某一方希望通过彼此间以合作的形式学习新的知识和技能，从而以较高的效率提高企业生产经营活动。企业的异质资源和能力使企业有别于其他竞争对手，获取企业的核心能力。企业不可能也完全没有必要拥有所有的资源和技能，通过学习合作方的技能和新知识，将各方知识交叉性和系统性地结合在一起，从而产生碰撞，创造出新知识，丰富和拓展企业的知识体系，弥补原有的知识空隙。网络间合作学习可以使企业充分利用合作关系，加强知识的分享和经验的交流，相互借鉴成功的生产运作模式和创新管理方式，使企业的知识来源更为广泛、知识结构更为完善，形成联盟形式的产业集群，强化对于环境的应变能力。

在技术集成过程中，涉及众多的参与体，包括企业、客户、科研机构、供应商、政府、中介机构乃至竞争者，企业可以考虑重新改变资源的配置和使用，通过网络间的学习与合作，使信息与知识在不同主体间流动、分享和传播，最终转化为自身能力；通过建立战略联盟、虚拟组织、虚拟垂直整合及产学研等合作方式进行资源互补性的对接，扩大组织资源的使用范围及利用效率，集成更具有竞争力的产品，提升集成创新绩效。同时，由于网络间的学习主体对知识的掌握有偏重性，即术业有专攻，为避免组织成员的重复性学习，降低学习成本，企业可以从外部更为方便地获取技术，实现集成创新。

8.1.3　优化技术平台

技术平台概念首次出现在福特所著的《现代》（*Modern Man*）一书中，在分析如何提升汽车各子系统的整体性能时提出了平台概念。平台方法在企业生产实践中的成功运用，使平台理论越来越受到学术界和实业界的广泛关注，其中应用最广泛的是产品平台和技术平台。

技术平台是为了实现生产一种产品所共享的设计技术、工艺技术及生产制造技术等各门类技术的整合。技术平台的结构犹如一个金字塔，由不同的梯级所构成。企业的关键核心技术位于最上层，支撑核心技术并联结各分支技术的系统技术处于最底层，底层的技术用于支撑上层技术的实施运行，上层技术可以对底层技术进行激活和创新。企业所生产的产品受到相应技术平台阶梯的影响，呈现不同的技术特征。技术集成过程中涉及种类繁多、复杂混乱的技术知识，并涉及多个技术平台梯次，因此企业更应重视技术平台的建设与完善。

技术平台的建设及应用对于提升技术系统性能，提高集成创新绩效有着重要的影响和深远的意义。对技术平台的优化，主要可以从两方面入手：一是优化平台要素，二是优化要素间的联结。

（1）优化平台要素。一般情况下，技术平台由技术库、外部技术网络和基础设施等要素所构成，它们之间相互联结，形成企业产品的技术体系，以支撑企业的产品生产和技术创新。因此，对技术平台的优化应该从要素的优化入手。

对技术库的优化，首先应加强技术库内各种技术的管理。对现代信息工具的利用有助于减少技术传递时间和空间的隔阂，最大程度减少信息不对称性，从而便于企业对技术库内各种分支技术的管理。其次，在技术库的构建上应注重与现代信息技术相结合，充分发挥技术库对新技术的监测和追踪功能，保障对技术资源的有效获取。

对外部技术网络的优化，主要是加强与供应商、大学及科研机构及竞争者的技术合作，加强与客户的互动与沟通。借助第三方的技术网络，引进适宜技术，拓展企业知识边界显得尤为重要。企业应该积极与各类各层科技传播组织以及科技学会、协会等建立联系，通过学术交流和培训实现技术知识的有效转移及深度利用，提升企业的技术集成能力。

对基础设施的优化，主要是重视相应基础设施的正确使用和合理配置，减少设备浪费，增加使用效率，定期对基础设施进行维护和保养，为企业技术集成提供良好的物质基础支持，推动集成创新的快速发展。

（2）优化要素间联结。要素是企业构成的基础，但并不是决定性因素，如果各要素间不能相互匹配，协调发展，那么即使拥有的要素数量和种类再多，也不能推动企业发展和创新。技术平台要素也如此，如果技术平台各要素不能整合成为一个有机整体，就很难发挥技术平台作用，进而影响到企业的集成化优势的形成。

　　要素联结是一种制度安排，强调将一些分散的、孤立的要素联结在一起进行企业的生产活动，优化要素间联结是指平衡要素的需求与供给以及提高资源配置效率。技术平台要素主要包括技术库、外部技术网络和基础设施，它们之间的联结方式是以企业技术流为基础，通过技术流动和技术转移，对平台要素进行加工设计、监测控制和有序调整。优化技术平台要素联结应重视技术库、外部技术网络和基础设施三者间的相互联系。要素间联结要有助于企业对外部新技术的识别和利用，通过外部技术网络不断将新技术输送到企业技术库内，并与内部技术相融合，使其最大限度地耦合匹配。为了有效激活技术系统中已有技术，应充分利用技术学习方式，建立学习机制，分享交流知识和经验，在原有技术基础上进行技术重构。同时，要注重基础设施的建设，应根据技术库与外部技术网络的实际情况对基础设备进行动态调整，符合现实需求，为技术转移提供有力物质保障。

8.2　协同性策略分析

8.2.1　加强要素间的协调发展

　　企业技术集成能力主要包括技术监测能力、技术学习能力和技术系统整合能力 3 个方面。加强技术集成能力要素管理就要从这 3 个方面展开工作。

　　技术集成能力的发展和培育不是指某一个子能力的提升，而是 3 个子能力的协调发展。技术集成能力的 3 个子能力是彼此影响、相互制约的。如果从时间轴上看，3 个能力的发展是有一定顺序和规律的。技术监测能力是企业从外部获取技术、展开创新活动的能力支持，是技术集成能力形成的基础；技术学习能力不仅对引进技术进行理解吸收，为企业的技术创新活动提供资源储备和行为模式，更将内外部技术知识有机融合，激活缄默知识，使隐性知识显性化，为企业的创新带来动态的演进与变革，是技术集成能力发展的动力；技术系统整合能力在前两个能力的基础上，实施技术平台建设，完成对技术系统的优化与重构，丰富产品的技术体系及知识构架，是技术集成能力提升的源泉。技术系统整合能力的提升也将会为企业产品定位、技术获取提供更为坚实的物质基础和能量支撑。因此，企业想要培养技术集成能力，提升集成创新绩效，就应以柔性灵活的联结方式为手段，不断进行动态调整，使各子能力相互匹配，协同增长，共同促进技术集成能力的提升，获取持续的集成竞争优势。

从企业层面看，由于受到市场环境、技术环境变化的影响，企业可以先从增强信息化管理入手，通过企业技术监测能力的培养，使企业拥有专业的集成团队和成熟的实验能力，进而营造出浓郁的学习氛围和学习平台，充分交流和分享知识和经验，形成自组织的学习过程，提升组织的学习能力。学习能力越强，技术知识理解吸收得越好，企业的技术平台和产品平台才能更加优化和完善，才越有可能满足技术系统的要求，集成出符合市场需求的产品。技术系统整合能力积累到一定程度时，企业技术集成能力将上升到新的阶梯平台上，从而激发企业各种资源、能力要素，企业也因此获得更强的竞争优势以及更高的技术势能。随着环境的变化，社会资源面临新一次的分配，企业的竞争优势也会随之调整，技术集成能力的 3 个子能力在周而复始的动态循环中不断积累，获取能量，使企业获取新一轮循环的竞争优势。

企业可以通过技术集成能力内部维度间交互作用的循环，实现技术集成能力的整体提高，同时，注重其要素间规模的聚集、结构的改善和匹配的程度，合理配置企业内外部资源。

8.2.2 建立组织整合机制

技术集成面临动态的环境变化，是一个复杂的系统过程，涉及企业内外的多个跨职能部门，任何一个环节的失误均会影响创新的效率和效益，如果企业没有完善的组织整合机制，那么是无法满足这一要求的。

组织机构支持系统是指决定权力与职责配置、信息流动等规则和程序的一种组织架构。与技术系统强调技术不同，企业组织系统解决的是组织结构、人力资源管理等问题。组织系统的整合不仅涉及到管理制度的调整以及管理人员的大幅度调配，更重要的是涉及隐含在这些表象之后的企业集成能力在组织间的转移与扩散，这也正是组织系统整合的意义所在。建立组织整合机制可以有效地配置企业资源，统筹安排权责结构和人员配备，确保以最高的效率，发挥组织的最大功能，实现组织目标的能力。集成创新需要各跨职能部门的支撑和配合，以往臃肿、惰性、缺乏灵活性的组织结构和组织制度使企业无法快速地调整资源配置，与外部迅速变化的技术、市场环境相匹配。组织整合机制可以使各部门得以弹性、有效地沟通交流，合理调整组织结构、管理系统和文化系统等，保证技术集成整个过程顺利完成。组织整合机制实质在于成功地将企业纳入一个有序统一的组织体系并加以改造，营造出一个具有规范及操作规程的组织结构，形成高效的自组织体系，从而保障企业的集成战略与经营管理相互协调，提升其技术集成能力。

组织整合机制的构建具体要落实到柔性系统的建设及组织创新文化的培养两个方面。

（1）建设柔性组织系统。柔性组织系统是指企业应对环境变化的系统构成及相应能力，柔性组织系统具有扁平化、分权化等特征，由于组织的开放性，企业能更主动地从事创新活动，提升创新效率。原有柔性的思想更多是强调与生产系统有关的资源集成，对企业外部资源与内部各职能部门的整合重视不足，这造成了企业将重点放在生产环节，通过进行生产系统的优化来实现柔性提高，但效果并不明显。对于企业而言，现阶段所面对的问题不仅仅是提高劳动生产率、加快产品研发等生产环节，还有市场需求、技术监测和售后追踪等销售和评价环节，如果组织结构和制度不能满足基础支持，就会造成内部管理的混乱，导致企业无法正常运作。同时，资源是有限的，企业系统柔性的提升往往需要大量资源的配合与运用，因此，资源成为限制企业柔性系统发展的根本原因。企业可以通过企业间合作，在有效配置内部资源的基础上，充分利用外部资源，实现资源和能力的有效匹配，节约成本，降低风险。

建设柔性组织系统主要体现在组织结构和组织制度上。企业应减少扁平化、网络化、弹性化的组织结构，增加信息流动频率，缩短信息传递路线，超越空间约束，从而帮助企业抓住瞬息变化的市场机会，快速响应多变的环境。同时，大力推行柔性化规章制度，综合运用弹性预算、弹性计划、灵活决策等各种灵活多变的管理方法，以获得以变应变的效果。

（2）培养组织创新文化。集成创新需要组织系统的支持，而建立长效的有效组织系统整合机制又要求企业成员间具有良好的文化氛围与创新氛围。技术系统与组织系统的和谐运转离不开企业文化的支持。创新文化的核心内容及价值观念是鼓励创新，激励企业员工的创新思想和创新行为，从而保障企业进行符合正确道德观和价值观的创新发展和创新能力。企业创新总是发生在特定企业文化环境之中，不同类型的企业创新对企业文化的要求是不一样的，企业的创新文化应对全体员工努力实现创新起到积极的支持作用。

如果企业的核心价值观与获取的技术资源无法相互适应、彼此匹配，技术集成就会受到一定阻碍。企业管理人员和技术人员如果仍旧在旧文化理念的支配下，那么是很难深刻理解新技术的内涵及其操作流程的，这种文化与创新冲突会直接影响技术集成过程，最终降低集成绩效，因此，企业创新文化的培养对企业能否顺利完成技术创新影响重大。

创新文化是企业实施创新战略过程中一种重要的动力来源，组织的创新和文化学习首先来源于企业自身的抱负和学习态度，这在一定程度上决定了企业的发展目标与行为模式。同时，创新文化的形成还来源于企业上下具有共同的价值观和发展目标，在这种文化的促使下，组织的全体成员拥有统一的思想和行为方式，彻底贯彻企业的发展战略和行为准则，使组织个人目标与企业目标有机结合在一起，将企业整体发展作为实现个人目标的载体，众志成城，共同实现企业集成创新。

8.3　驱动化策略分析

通过前面对技术集成能力驱动因素的实证分析可知，基于外部要素驱动，企业技术集成能力提升可以从以下几方面展开。

8.3.1　创新战略规划

创新战略是企业在发展战略的引领下，根据顾客对产品或服务现实的或潜在的需求以及本地区的行业布局，同时考虑国内外同行业竞争对手产品和技术开发的态势，就企业技术创新的方向与目标、重点、核心能力等所做的长期性谋划与重大选择。创新战略的规划与实施对企业技术集成能力的形成与发展起着重要的促进作用。因此，企业应以创新为导向，结合市场环境和企业发展需求，合理制定创新战略及路径。

（1）科学评价和选定科技创新战略路径。创新战略路径中战略基点的选择和确定，特别是以优势资源的深度开发为战略基点的选择和确定，决定着整个企业创新项目起点和水平的高低，决定着其他战略环节的安排与运行，决定着后续新产品、新产业和产业集群的开发前景，即战略目标达成的可能性。因此，应组建相关学科专业专家团队对所选定的战略基点的科学性、可行性、可能性及其价值、水平和开发前景进行科学、认真和严谨的评价，发挥相关专家把关定向和参与决策的作用。

（2）组建协同创新团队。一般来说，创新战略路径确定后，它的具体实施所需要运用的相关学科专业的理论工具和技术手段以及相关学科专业的创新人才也就相应地确定下来。应根据技术集成及其不同战略环节的具体需求，有针对性地选拔相关学科专业的创新人才，灵活组建各协同创新团队或协同攻关小组，并使之相互配合，有序协作，使科技创新战略的实施保持更高的效率和成功率。

（3）重视企业创新战略意识培育。注重技术创新的战略意识是提升创新集成能力的源动力，且对企业创新具有战略方向性影响。通过对创新人员及管理层创新意识的加强，推进企业创新战略的制定和实施。政府应建立和完善针对企业管理层的创新激励机制，引导、激发企业尽早形成发力高端创新的战略意识，从而助推企业创新战略、专利战略的制定和实施，使企业创新活动得以深入推进、高端创新能力得到切实提升。

8.3.2　创新投入增加

企业可以通过鼓励创新研发投入、创新人才培养和优化创新资源配置等方面提升技术集成效果及能力水平。

（1）鼓励企业加大 R&D 经费投入。自 20 世纪 90 年代以来，美国政府鼓励企业通过研发投入实现创新增长。2008 年美国企业投入研发经费 3330 亿美元，占销售收入的 3%，其中企业依靠自我科研力量开展研发的经费达到 2920 亿美元。与发达国家相比，我国企业研发投入比例较少，相当一部分企业技术经济指标与国外先进水平存在很大差距，且缺乏拥有自主知识产权的技术和产品，达不到技术创新的目的及效果。更谈不上有部分资金投入技术引进、集成创新方面，也就达不到技术创新的目的及效果。政府应采取经济杠杆、税收政策等措施引导和鼓励企业增加 R&D 经费投入。针对研发周期较长、所需资金较大、关系到国家重大发展战略的项目，政府应提供特别的资金支持和政策支持。同时，应加强知识产权保护，维护市场秩序，保障企业创新能得到充分的经济利益，为企业集成创新营造良好的氛围，从而激发企业创新的活力。

（2）优化企业研发人员配置。企业应根据自身的创新目标，适当优化研发人员配置。制定切实有效的政策，吸引国内外高水平研发人员加入企业创新活动，科学组建创新团队，提升企业创新的层次和水平；健全研发人员的激励机制，提高研发人员创新的积极性——因为创新激励在激发员工的创新动力方面起着至关重要的作用。技术创新需要员工带着创新热情和创新动力全身心地投入，良好的激励体制能够满足员工的被尊重和归属感方面的需求；同时，创造适合研发人员发展的科研环境，培养积极向上的企业创新文化，营造能够充分发挥研发人员创造力的良好氛围，提高创新效率。

（3）优化创新资源配置。关键核心技术和高端技术是实现创新驱动发展的"命门"，因此，需着力培育企业关键核心技术的突破创新能力。企业需调整创新资源的投入结构，将资金、人才和技术资源切实有效集聚到关键核心技术领域，具有高端技术创新实力的企业应将原始创新提升到战略高度，以形成集成创新或突破性创新的优势与能量。同时，增强复合型知识产权人才队伍是企业增强科技实力、提升创新能力的人才保障，应高度重视知识产权人才的培养使用，着力建设知识产权业务领域的高素质人才队伍。

8.3.3 创新政策推动

由于技术创新是一项风险高、投入大、周期长的活动，不能在短期内给企业带来经济效益。因此，政府应该尽可能使用财政和税收手段来支持企业的R&D 活动，以降低企业的 R&D 成本和创新风险。事实证明，一旦政府对高科技活动予以关注，对科研部门的投资就会收到较高的回报，并能进一步保证研发活动的顺利进行。因此，我国政府应采取一定措施来加大对企业技术创新的扶持力度以推动技术创新进程。政府需要为企业合理选择创新模式提供一定外部条件，包括设立技术创新专项基金，引导鼓励企业和科研单位一同对引进技术进行消化吸收再创新制定优惠政策，大力鼓励自主创新和二次创新，促使自主研发的技术和产品在重点产业领域所占比重逐步增加，制定限制重复引进技术和设备的政策；建立科技合作平台，以政府为媒介，促成更多可行的合作创新活动。

政府对技术创新环境的建设对企业技术创新活动起着巨大推动作用。政府除了对企业的技术创新活动进行政策性的指导之外，还要投入大量的人力、物力，组织并协调各创新主体之间的技术创新活动。由于不同企业的技术创新目标和动力不同，而且对重大技术领域尤其是高科技领域的攻关实力较弱，因此，政府就要组织并协调不同技术创新活动的主体超越自身的狭隘利益，联合起来共同进行研发，以提高整个国家的技术水平和创新实力。

（1）完善技术创新法律法规。虽然我国已经建立了针对技术创新的法律法规，但对企业专利技术的保护还有待完善，以防有些企业或个人法律意识淡薄再加上地方保护主义，使得有些企业或个人受经济利益的驱使去侵犯他人的专利产权。此外，我国还应该借鉴先进国家技术创新的成功经验，制定一系列相关法律法规，通过采取对企业现有设备在规定期限内"强制报废"，加快企业设备的更新，以刺激企业的技术集成及其他模式创新的步伐。

（2）健全技术创新管理体制。从世界先进国家实施集成创新的成功经验来看，政府的干预及指导发挥了巨大的作用。因此，对于我国政府来说，应借鉴其成功经验，为企业的技术创新提供一个良好的制度和政策环境。虽然2022年来我国已经实施了技术创新工程，但缺乏对技术创新体系的有效管理，缺乏相关各部门的配套协调，对集成创新的管理尚未形成体制。此外，我国政府对于技术创新成果的转化和应用应采取相应的管理体制。

（3）选择合适的创新模式。企业在推进创新驱动发展战略的进程中，企业正确认识自身资金、技术、人才等创新资源实力是合理判断和选择企业主要技术创新模式的关键。集成创新和合作创新是技术实力薄弱、创新资源匮乏的企业突破创新瓶颈、快速获取创新性技术和迈入自主创新的有效技术创新模式。一方面，技术非优势企业应采取模仿创新、集成创新或合作创新模式推进技术创新，通过观察技术先驱的创新活动，研究开拓者的技术动向，并根据自身资源优势选择匹配性较强的创新合作者实施合作创新，使企业节约时间和研发经费并降低风险；另一方面，政府在推动原始创新的同时，可创造条件吸收各界科研力量，鼓励产学研进行合作创新，为企业技术创新活动的顺利实施提供相应的政策环境和社会环境，并推动技术创新的国际合作。

8.4　本章小结

本章主要研究技术集成能力提升策略。结合技术集成能力结构体系、作用效果、演化机制及驱动因素等方面的理论及实证分析结果，从内生性、协同性和驱动化3个方面提出技术集成能力提升策略，为企业集成创新的实施及技术集成能力的培育提供建议参考。

第 9 章

结　　论

本书以面向集成创新的企业技术集成能力作用机理及演化提升为研究核心，在总结国内外相关研究的基础上，对企业技术集成能力的内涵及特征、构成要素、作用机理、演化机理及评价方法进行了深入分析。本书所得出的主要结论和创新点如下：

（1）从动态视角分析技术集成能力的内涵及构成维度。本书在深入剖析技术集成能力的内涵及其特征的基础上，从动态视角出发，基于信息维、学习维、技术维 3 个维度构建了企业技术集成能力结构模型，认为技术集成能力是由技术监测能力、技术学习能力和技术系统整合能力所构成的。技术集成能力的 3 个子能力随着环境的变化，协同发展，相辅相成，共同促进技术集成能力的提升，获取循环的集成竞争优势。基于动态视角的分析可以更好阐述技术集成能力的特征，将技术集成能力从抽象的、难以理解的技术资源、能力、过程或惯例转变为获取、创造和整合内外技术这一动态演化过程，显著地提高了可观测性和可操作性，而知识视角、能力视角、过程视角的相应观点可以为动态视角下的企业技术集成能力分析框架的拓展和完善提供有力的支撑和补充。

（2）建立了企业技术集成能力对集成创新作用机理模型。在借鉴动态能力对企业竞争优势作用范式的基础上，提出了企业技术集成能力作用机理的分析框架。与以往的研究相比，本书不仅讨论了技术集成能力各维度对集成创新的作用程度，还探讨了各维度间的相互作用及作用程度，试图探索技术集成能力的内在运作机制，进而揭示技术集成能力的提升路径。同时，本书通过引入组织柔性作为调节变量，构建了一个更为完整的作用模型以揭示技术集成能力的作用机理，强调在技术集成能力对集成创新产生正向影响时，组织柔性作为半调节变量在两者之间起到了协调、促进的作用。研究结果表明，技术监测能力、技术学习能力和技术系统整合能力及组织柔性对集成创新的作用都非常显著；技术集成能力的内在作用路径体现为技术监测能力→技术学习能力→技术系统整合能力，当技术系统整合能力力度积累到一定程度时又会作用于技术监测能力，在这种循环过程中，技术集成能力得以提升；在调节变量方面，组织柔性在技术监测能力与集成创新间起到正向的调节作用，在技术学习能力与集成创新间起到正向的调节作用。

（3）构建了技术集成能力演化的生命模型。结合生命科学理论，将企业"基因"应用到企业技术集成能力的演化分析中，构建出技术集成能力的生命模型，该模型认为企业技术集成能力由其 DNA 决定，是具有技术链和管理链的双螺旋结构，链接双链的 3 个碱基——信息感知、技术学习、系统操作分别受控于技术监测能力、技术学习能力和技术系统整合能力，并随着这 3 种能力的传递和改变产生遗传或变异，进而影响企业集成创新效果。在生命模型构建的基础上，通过分析演化过程，揭示了技术集成能力生命周期中各阶段的特征。同时，本书将组织惯例理论引入技术集成能力演化机理分析中，详细阐述了演化的内在动因及演化机制，指出企业在集成过程中，受到复制机制、变异机制和重组机制 3 种演化机制的影响，使技术集成能力的演化提升具有一定的规律性和方向性。在能力演化内在动力的驱使下，3 个子能力彼此关联、相互耦合，有不同程度的改变和增长，最终实现技术集成能力的整体提升。

（4）构建了基于 AHP－模糊 TOPSIS 法的技术集成能力评价模型。本书采用了 AHP 和模糊 TOPSIS 相结合的方法对技术集成能力进行综合应用，不仅可以吸收两种评价方法的优点，互补不足，提高评价方法的可操作性和评价结果的客观性、准确性，同时也能对多企业评价和不同评价企业间技术集成能力的优劣进行比较，符合综合评价的要求。通过对技术集成能力评价的实施，进一步验证了该指标体系构建的合理性，从根本上解决了技术集成能力概念理解较为抽象、不易量化的问题，使今后分析企业技术集成能力时不再只是单一地对某一家企业的集成能力作出孤立判断，而是全面综合地分析该企业技术集成能力的影响因素及其在行业内的能力现状，提出更具有针对性和更有价值的创新对策。

本书中的一些工作还可以进行进一步的研究：

（1）本书主要对技术集成能力的构成、作用机理、演化及评价进行了研究，但并没有对其影响因素展开分析，因此，后续工作将深入挖掘技术集成能力的影响要素，进一步探讨技术集成能力的影响机理，从而完善、丰富技术集成能力的研究框架。

（2）企业的技术集成能力和组织结构会随着外部环境不断发生变化，因此，应对企业进行跟踪调查，获取纵向动态数列，分析相关变量间的关系，验证结构模型的适用性。

（3）本书是在生命模型的基础上对技术集成能力的演化过程和演化方式进行分析的，后续工作中会针对技术集成能力的演化机理，进一步对其提升路径及提升机制展开深入剖析，从而为企业技术集成能力培育提升提供综合、全面的建议。

参 考 文 献

[1] 白俊红，卞元超．中国政府 R&D 资助空间自相关特征研究 [J]．科研管理，2016，37（1）：77－83．

[2] 陈江华．学习型组织理论研究综述与评价 [J]．北京交通大学学报（社会科学版），2014，13（2）：65－71．

[3] 陈捷娜，吴秋明．管理集成研究综述 [J]．科技进步与对策，2011，28（8）：156－189．

[4] 陈劲，陈钰芬．企业技术创新绩效评价指标体系研究 [J]．科学学与科学技术管理，2006（3）：86－91．

[5] 陈劲．集成创新的理论模式 [J]．中国软科学，2002（12）：23－29．

[6] 陈敬贵．市场的自然选择与企业演化——基于演化经济学视角 [J]．经济问题，2007（3）：51－53．

[7] 陈静．基于过程视角的知识整合能力形成机理 [J]．科技管理研究，2010（22）：186－189．

[8] 陈侃翔，谢洪明，程宣梅，等．新兴市场技术获取型跨国并购的逆向学习机制 [J]．科学学研究，2018，36（6）：1048－1057．

[9] 崔世娟，刘珺，王庆．基于多案例比较的软件企业集成创新模式研究 [J]．管理案例研究与评论，2013，6（1）：32－40．

[10] 崔怡雯，赵筱媛，苏成，等．面向颠覆性创新的技术监测分类体系研究 [J]．情报学报，2021，40（12）：1288－1293．

[11] 邓艳，王雪梅，雷家骕．面向工业生产的技术整合过程中的资源整合 [J]．科学学与科学技术管理，2008（4）：54－57．

[12] 丁俊武，韩玉启，周梅，等．TRIZ 计划系统演化理论及其应用研究 [J]．科学学与科学技术管理，2005（5）：32－36．

[13] 董亚辉．论我国企业技术学习能力的提升 [J]．湖北社会科学，2011（4）：104－106．

［14］杜楠，王大本，邢明强. 科技型中小企业技术创新驱动因素作用机理［J］. 经济与管理，2018，32（2）：81 – 88.

［15］樊琦，韩民春. 我国政府 R&D 投入、市场竞争与自主创新关系研究［J］. 中国科技论坛，2011（3）：10 – 14.

［16］范志刚，吴晓波. 动态环境下企业战略柔性与创新绩效关系研究［J］. 科研管理，2014，35（1）：1 – 8.

［17］范忠宏. 技术集成过程中的知识黏性与集成创新绩效实证研究［J］. 学习与探索，2008（3）：167 – 170.

［18］冯宗宪，王青，侯晓辉. 政府投入、市场化程度与中国工业企业的技术创新效率［J］. 数量经济技术经济研究，2011，28（4）：3 – 17 + 33.

［19］傅家骥，雷家骕，程源. 技术经济学前沿问题［M］. 北京：经济科学出版社，2003：45 – 58.

［20］高孟立. 双元学习与服务创新绩效关系的实证研究——组织冗余与战略柔性的调节作用［J］. 科技管理研究，2017，37（14）：202 – 212.

［21］郭国峰，温军伟，孙保营. 技术创新能力的影响因素分析——基于中部六省面板数据的实证研究［J］. 数量经济技术经济研究，2007（9）：134 – 143.

［22］郭亮，崔嵩，于渤. 技术集成能力内涵及其维度构成的实证研究——以装备制造业企业为例［J］. 科学学研究，2014，32（8）：1271 – 1280.

［23］郭亮，綦良群，于渤. 企业技术集成能力基因结构模型研究［J］. 科研管理，2019，40（9）：211 – 220.

［24］郭亮，于渤. 动态视角下企业技术集成能力评价研究——基于 AHP – 模糊 TOPSIS 法［J］. 科研管理，2013，34（12）：75 – 84.

［25］郭亮，于渤，郝生宾. 动态视角下的企业技术集成能力内涵及构成研究［J］. 工业技术经济，2012，31（5）：11 – 18.

［26］郭亮，于渤，罗晓光，等. 企业技术集成能力的测量与功效［J］. 研究与发展管理，2016，28（3）：55 – 66.

［27］何春丽. 全过程视角下的企业技术并购与整合控制研究［J］. 科学管理研究，2018，36（5）：82 – 85.

［28］何琳. 我国汽车企业外部技术整合发展路径及能力演化研究［D］. 北京：北京交通大学，2013：119 – 132.

［29］贺俊，李伟，宋微. 技术集成能力对复杂装备产品性能提升的影响

研究［J］.东南学术，2021（1）：159－169＋248.

［30］侯婷，朱东华.技术监测在技术创新项目管理中心应用研究［J］.科学学与科学技术管理，2004（7）：86－89.

［31］胡赛全，詹正茂，钱悦，等.企业创新文化、战略能力对船业导向的影响研究［J］.科研管理，2014，35（10）：107－112.

［32］黄燕，彭灿.基于集成创新的企业技术跨越模式研究［J］.中国科技论坛，2007（4）：99－102.

［33］贾凤亭.技术系统演化的复杂性分析［J］.系统辩证学学报，2006，14（1）：63－66.

［34］江辉，陈劲.集成创新——一类新的创新模式［J］.科研管理，2000，21（5）：31－34.

［35］姜铸，张永超，刘妍.制造业组织柔性与企业绩效关系研究——以服务化程度为中介变量［J］.科技进步与对策，2014，31（14）：80－84.

［36］揭筱纹，涂发亮.企业基因：企业动态战略能力的基石［J］.武汉理工大学学报（社会科学版），2011，24（2）：22－226.

［37］金军，邹锐.集成创新与技术跨越式发展［J］.软科学，2002（12）：48－51.

［38］金占明，杨鑫.从基因到绩效——管理研究的路径解析［J］.科研管理，2011，32（6）：84－90.

［39］赖晓烜，陈衍泰，范彦成.制造企业数据驱动动态能力的形成与演化［J/OL］.科学学研究，2023，41（1）：113－122.

［40］李钢.基于企业基因视角的企业演化机制研究［D］.上海：复旦大学，2006：74－78.

［41］李俊华.双元性理论视域中技术学习的双因素测度模型研究［J］.科技进步与对策，2015，32（5）：10－14.

［42］李坤.企业跨产业知识转移与技术集成研究［J］.科学学与科学技术管理，2009（7）：123－126.

［43］李坤.装备产品开发中的技术整合与再利用研究［D］.大连：大连理工大学，2010：45－48.

［44］李力，孙璐.开放创新联盟内涵特征及自组织演化过程分析［J］.科技进步与对策，2013，30（22）：1－5.

［45］李廉水，张芊芊，王常凯.中国制造业科技创新能力驱动因素研究

[J]. 科研管理, 2015, 36 (10): 169-176.

[46] 李苗苗, 肖洪钧 傅吉新. 财政政策、企业 R&D 投入与技术创新能力——基于战略性新兴产业上市公司的实证研究 [J]. 管理评论, 2014, 26 (8): 135-144.

[47] 李腾, 张钟元, 郑飞. 创新生态系统: 知识集成能力与反向知识溢出效应——基于 295 家高新技术企业的调查 [J]. 企业经济, 2022, 41 (7): 42-55.

[48] 李兴旺. 动态能力理论的演进与发展: 回顾及展望 [J]. 科学管理研究, 2011, 29 (1): 92-96.

[49] 李宇, 陆艳红, 周晓雪. 产业集群中的企业家导向、有意识的知识溢出与集群企业知识资本 [J]. 中国软科学, 2017 (12): 178-186.

[50] 连蕾. 从技术模仿到技术集成创新再到技术自主创新研究 [J]. 科学管理研究, 2016, 34 (3): 80-83.

[51] 廉勇. 企业知识和能力 DNA 分析: 以三星为例 [J]. 科技进步与对策, 2013, 30 (2): 138-141.

[52] 林向义, 罗洪云, 王艳秋, 等. 集成创新中的知识整合模式研究 [J]. 科学管理研究, 2011, 29 (3): 16-20.

[53] 林志扬, 林泉. 企业组织结构扁平化变革策略探析 [J]. 经济管理, 2008, 30 (2): 4-9.

[54] 刘帮成. 技术整合机制、整合能力和技术合作效果关系研究: 以我国某重点汽车零配件公司为例 [J]. 管理工程学报, 2009, 23 (2): 11-19.

[55] 刘广, 吴贵生, 王毅. 基于事件驱动法的组织整合能力与技术整合能力演化关系研究: 以海尔为例 [J]. 2005, 19 (6): 1-4.

[56] 刘秋呤, 张雷, 徐福缘. 技术系统多层级共同演化的动力机制 [J]. 科学学与科学技术管理, 2010 (9): 9-15.

[57] 刘睿智. 国内企业基因模型构建研究: 以创新型中小企业为例 [J]. 中国海洋大学学报 (社会科学版), 2014 (3): 67-72.

[58] 刘晓军. 工业设计在产业技术演进中的作用趋势研究 [J]. 科学学与科学技术管理, 2009 (3): 165-170.

[59] 刘晓萍. 我国经济结构失衡的突出矛盾和治理对策 [J]. 经济纵横, 2014 (8): 55-60.

[60] 刘晔, 阎淑敏. 企业能力的基因表达及其进化机制 [J]. 东北大学

学报（社会科学版），2007，9（5）：407－501.

[61] 卢艳秋，施长明，王向阳. 技术集成能力对复杂产品创新绩效的影响机制 [J]. 科技进步与对策，2022，39（3）：21－29.

[62] 卢艳秋，王向阳，张实桐. 基于自主创新和能力整合的企业竞争优势研究. 中国科技论，2007（8）：19－24.

[63] 卢扬帆. 预算全面绩效管理技术与知识集成初探 [J]. 理论探索，2020（6）：23－33.

[64] 吕洪燕，于翠华，孙喜峰，郭亮. 人力资本结构高级化对科技创新绩效的影响 [J]. 科技进步与对策，2020，37（3）：133－141.

[65] 吕秋颖. 企业基因结构方程模型的构建及修正 [J]. 统计与决策，2013（12）：35－38.

[66] 罗晨阳，丁堃，母睿，等. 市场驱动、技术学习与创新绩效：基于官助民办技术平台的质性研究 [J]. 科学学与科学技术管理，2017，38（7）：119－128.

[67] 罗虎明，刘洪伟. 技术学习文献综述 [J]. 技术经济，2011，30（7）：59－61.

[68] 罗珉，刘永俊. 企业动态能力的理论构建与构成要素 [J]. 中国工业经济，2009（1）：75－86.

[69] 慕玲，路风. 集成创新的要素 [J]. 中国软科学，2003（11）：105－111.

[70] 彭灿，杨玲. 技术能力、创新战略与创新绩效的关系研究 [J]. 科研管理，2009，30（2）：26－33.

[71] 彭纪生，王秀江. 技术学习与企业技术能力链条：知识转化整合的作用 [J]. 科技进步与对策，2014，31（20）：121－125.

[72] 裘江南，念闯玲，仲秋雁. 企业外部隐性知识集成模式研究 [J]. 科技进步与对策，2011，28（5）：138－142.

[73] 饶扬德. 企业技术能力成长过程与机理研究：资源整合视角 [J]. 科学管理研究，2007，25（5）：59－62.

[74] 申长江. 从技术整合看技术创新 [J]. 科技管理研究，2009（2）：189－191.

[75] 申长江，杨武. 技术整合的系统分析 [J]. 管理现代化，2007（6）：13－14.

[76] 宋宝香，彭纪生，王玮. 外部技术获取对本土企业技术能力的提升研究 [J]. 科研管理，2011，32（7）：85-95.

[77] 苏敬勤，刘静. 复杂产品系统创新的核心技术控制力演化 [J]. 科学学与科学技术管理，2014，35（9）：24-31.

[78] 苏敬勤，刘静. 复杂产品系统制造企业的动态能力演化：一个纵向案例研究 [J]. 科研管理，2013，34（8）：58-67.

[79] 唐震，蔡晶晶，王嵩林. 大中型工程技术整合能力与技术追赶绩效影响机制研究 [J]. 科技管理研究，2019，39（8）：97-102.

[80] 田丹，张米尔. 外部技术对装备产品集成创新绩效的影响 [J]. 系统管理学报，2009，18（6）：644-648.

[81] 田奋飞. 企业演化研究：从"生命物性"到"生命人性" [J]. 社会科学家，2008（1）：59-63.

[82] 佟泽华，刘文云，韩春花，等. 基于模糊神经网络的企业知识集成能力评价研究 [J]. 情报理论与实践，2013，36（8）：51-56.

[83] 王罡. 技术学习、管理学习对自主创新的影响——技术复杂性的调节作用 [J]. 科技进步与对策，2018，35（21）：80-86.

[84] 王国权. 加强技术集成与合作创新模式研究 [J]. 科学管理研究，2014，32（2）：13-16.

[85] 王娟茹，杨瑾. 复杂产品研发团队知识集成能力影响因素研究 [J]. 科学学与科学技术管理，2010，31（7）：83-87.

[86] 王娟茹，杨瑾. 知识集成模式研究 [J]. 工业工程，2004，7（6）：26-29.

[87] 王世明，杜超. 面向装备制造业的开放式技术集成创新模式——以大连机床集团为例 [J]. 辽宁工程技术大学学报，2014，16（4）：384-387.

[88] 王翔. 企业动态能力演化理论和实证研究 [D]. 上海：复旦大学，2006：134-156.

[89] 王毅. 复杂技术创新中的整合能力研究 [J]. 技术经济，2012，31（3）：7-12.

[90] 王毅. 企业核心能力动态演化分析：东信、长虹与海尔 [J]. 科研管理，2002（6）：36-42.

[91] 王毅，吴贵生. 以技术集成为基础的构架创新研究 [J]. 中国软科学，2002（2）：66-70.

［92］卫平，汤雅茜．高新技术企业创新能力提升及其驱动因素——来自7城市企业微观调查数据的证据［J］．改革，2020（6）：136－147．

［93］魏江．技术能力论——技术创新的一个新视角［M］．北京：科学出版社，2002：45－64．

［94］魏江，刘锦．基于协同技术学习的组织技术能力提升机理研究［J］．管理工程学报，2005，19（1）：115－119．

［95］魏江，王铜安．技术整合的概念演进与实现过程研究［J］．科学学研究，2007，25（增刊）：196－204．

［96］魏江，王毅．技术监测能力研究［J］．科技进步与对策，1998，15（4）：31－32．

［97］温韬，王庆龄．从企业DNA角度研究核心能力［J］．现代商业，2008（11）：24－24．

［98］吴波虹．财政补贴、税收优惠与企业技术创新能力——基于盈利能力的视角［J］．技术经济与管理研究，2021（9）：12－17．

［99］吴冬俊．基于信息技术平台的产品集成创新方法［J］．机械设计，2013，30（8）：106－109．

［100］吴剑．中小企业集成能力影响创新绩效的实证研究［J］．预测，2011（5）：18－21．

［101］吴献金，史芳．泛珠三角区域自主创新能力影响因素研究——基于九省面板数据的实证分析［J］．科技管理研究，2010，30（11）：10－12．

［102］吴晓波，陈小玲，朱培忠等．业务多元化、技术学习与企业绩效的影响机制研究［J］．西安电子科技大学学报（社会科学版），2014，24（3）：1－8．

［103］武柏宇，彭本红，刘军等．中国制造业科技创新能力的影响因素［J］．中国科技论坛，2016（8）：23－30．

［104］肖玉兰，吴秋明．企业集成创新能力评价指标体系的构建［J］．科技进步与对策，2007，24（5）：146－149．

［105］谢洪明，吴溯，王现彪．知识整合能力、效果与技术创新［J］．科学学与科学技术管理，2008（8）：88－94．

［106］谢伟．技术能力分类的总结［J］．科学管理研究，1998，16（1）：70－74．

［107］谢伟．技术学习过程的新模式［J］．科研管理，1999，20（4）：

1 – 7.

[108] 谢伟. 技术学习和竞争优势：文献综述 [J]. 科技管理研究, 2005 (2)：170 – 174.

[109] 邢蕊, 刘雪梅, 王国红. 技术学习视角下新创企业技术能力演化路径研究 [J]. 系统工程, 2017, 35 (11)：110 – 120.

[110] 熊胜绪, 李婷. 组织柔性对企业创新绩效的影响 [J]. 中南财经政法大学学报, 2019 (2)：138 – 146.

[111] 徐晗, 王毅. 我国复杂技术产业的市场追赶态势研究 [J]. 技术经济, 2011, 30 (7)：71 – 76.

[112] 徐雨森, 逯垚迪, 徐娜娜. 快变市场环境下基于机会窗口的创新追赶研究——HTC 公司案例分析 [J]. 科学学研究, 2014, 32 (6)：927 – 926.

[113] 许庆瑞. 研究、发展与技术创新管理 [M]. 北京：高等教育出版社, 2000：15 – 16.

[114] 杨雪梅, 王勇, 许庆瑞. 社会技术整合方法与组织创新 [J]. 科研管理, 2003, 24 (1)：15 – 19.

[115] 杨震宁, 侯一凡, 李德辉, 等. 中国企业"双循环"中开放式创新网络的平衡效应——基于数字赋能与组织柔性的考察 [J]. 管理世界, 2021, 37 (11)：184 – 205 + 12.

[116] 尹建华. 基于技术平台理论的装备制造业技术平台创新研究 [J]. 工业技术经济, 2007, 26 (6)：45 – 47.

[117] 游博, 龙勇. 技术集成能力对模块创新绩效的影响及相关调节效应分析 [J]. 软科学, 2016, 30 (5)：45 – 49.

[118] 于若溪, 陈芹芹, 张胜, 等. 学术创业的技术学习系统研究 [J/OL]. 科学学研究, 2022, 40 (11)：2027 – 2034.

[119] 余志良, 张平, 区毅勇. 技术整合的概念、作用与过程管理 [J]. 科学学与科学技术管理, 2003 (3)：38 – 40.

[120] 约翰·C. 奥瑞克, 吉利斯·J. 琼克, 罗博特·E. 威伦. 企业基因重组：释放公司的价值潜力 [M]. 北京：电子工业出版社, 2003：15 – 20.

[121] 张光前, 张米尔. 基于系统观的技术集成过程模型研究 [J]. 管理科学, 2008, 21 (4)：31 – 36.

[122] 张海洋. 我国工业 R&D 生产效率和影响因素——基于省级大中型工业数据的实证分析 [J]. 科学学研究, 2008 (5)：970 – 978.

［123］张继宏，邹德文．装备制造业集成创新之路径研究——以山西省典型案例为视角［J］．技术经济与管理研究，2013（8）：29－24.

［124］张军荣，袁晓东．技术创新"范式"之争［J］．科学学研究，2013，31（11）：1601－1605.

［125］张米尔，田丹，杨阿猛．技术合作中的装备制造企业技术能力成长［J］．研究与发展管理，2006，18（1）：13－18.

［126］张米尔，杨阿猛．基于技术集成的企业技术能力成长［J］．研究与发展管理，2004，16（6）：79－84.

［127］张琦英．科技型中小企业创新能力提升的驱动因素与路径研究［J］．科技和产业，2020，20（7）：89－93＋118.

［128］张小娣，赵崇正，王娟茹．企业知识集成能力的测量研究［J］．科研管理，2011，32（6）：49－58.

［129］张玉明，段升森．创新型中小企业基因结构模型实证研究［J］．山东大学学报（哲学社会科学版），2013（4）：1－9.

［130］张玉明，朱昌松．企业基因理论研究评述［J］．东北大学学报（社会科学版），2012，14（6）：494－450.

［131］张煜，龙勇．技术集成下模块化产品创新实现路径研究［J］．科技进步与对策，2018，35（13）：102－109.

［132］赵更申，陈金贤，李垣．组织柔性对企业创新方式选择的影响研究［J］．科技进步与对策，2007，24（6）：87－90.

［133］赵建华，焦晗．装备制造业企业技术集成能力及其构成因素分析［J］．中国软科学，2007（6）：75－80.

［134］赵小娣，赵嵩正．知识集成能力视角下企业组织结构对创新绩效的影响机理研究［J］．研究与发展管理，2012，24（3）：66－73.

［135］赵晓庆．我国企业技术能力提高的外部知识源研究［J］．科学学研究，2004，22（4）：399－404.

［136］赵晓庆，许庆瑞．企业技术能力演化的轨迹［J］．科研管理，2002，23（1）：70－76.

［137］郑浩，王贤．动态环境下企业成长能力评价研究［J］．河北大学学报（哲学社会科学版），2015，40（4）：114－118.

［138］周芳．北京市制造业R&D投入的贡献研究——基于CDM模型的技术创新效果评估［J］．研究与发展管理，2014，26（6）：22－31.

［139］周晖，彭星间. 企业生命模型初探［J］. 中国软科学，2000（10）：110 – 115.

［140］周晖，彭星间. 企业生命模型的管理学逻辑［J］. 南开管理评论，2002（3）：27 – 31.

［141］周江华. 基于知识平台的企业技术能力增长机理研究［D］. 杭州：浙江大学，2004：83 – 92.

［142］周晓宏. 技术集成概念、过程与实现形式［J］. 科研管理，2006，27（6）：118 – 124.

［143］周玉泉，李垣. 合作学习、组织柔性与创新方式选择的关系研究［J］. 科研管理，2006（3）：9 – 14.

［144］周泽炯，陆苗苗. 战略性新兴产业自主创新能力的驱动因素研究［J］. 吉首大学学报（社会科学版），2019，40（1）：30 – 38.

［145］朱建忠. 我国制造企业面向产品的技术集成机理研究［D］. 杭州：浙江大学，2009：37 – 45.

［146］朱雅彦. 技术赶超战略下后发企业技术学习能力案例研究［J］. 现代财经，2012，（8）：70 – 81.

［147］Arnold Kransdorff. Corporate DNA：using organizational memory to improve poor decision making［J］. Development and Learning in Organizations：An International Journal，2010，24（4）：34 – 49.

［148］Barney J. Is the resource-based view a useful perspective for strategic management research?［J］. The Academy of Management Review，2001，26（1）：41 – 57.

［149］Baskin k. Corporate DNA：organizational learning, corporate co-evolution［J］. Emergence，2000，2（1）：34 – 49.

［150］Bentler P, Chou C. Practical issues in structural modeling［J］. Sociological Methods and Research，1987，16（1）：78 – 117.

［151］Best M. H. The new competitive advantage：the renewal of american industry［M］. New York：Oxford University Press，2001：100 – 105.

［152］Bouchaib B, Fei Ji. An assessment of facilitators and inhibitors for the adoption of enterprise application integration technology：An empirical study［J］. Business Process Management Journal，2007，13（1）：23 – 33

［153］Carayannis, Alexander. Is technology learning a firm core competence, when, who, how and why? A longitudinal multi-industry study of firm technology learning and market performance [J]. Technovation, 2002, 22: 625 – 634.

[154] Chorng S, Poyen C. Information technology capability-enabled performance, future performance, and value [J]. Industrial Management & Data Systems, 2013, 113 (5): 169 – 196.

[155] Chris W. Sociotechnology principles for system design [J]. Applied Ergonomics, 2000, 13: 463 – 477.

[156] Daniel E. M, Wilson, H. N. The role of dynamic capabilities in e-business transformation [J]. European Journal of Information Systems, 2003, 12: 282 – 293.

[157] DeBoer M, Vanden, Bosch F, et al. Managing organizational knowledge integration in the emerging mult-media complex [J]. Joumal of Management Studies, 1999, 36 (3): 379 – 398.

[158] Dobn C. B. The DNA of Innovation [J]. Journal of Business Strategy, 2008, 29 (2): 72 – 73.

[159] Doordarshi S, Jaspreet S O, Inderpreet S A. An empirical investigation of dynamic capabilities in managing strategic flexibility in manufacturing organizations [J]. Management Decision, 2013, 51 (7): 144 – 151.

[160] Dyer J. H, Singh H. The relational view: cooperative strategy and sources of interorganizational competitive advantage [J]. Academy of Management Review, 1998, 23 (4): 660 – 670.

[161] Eisenhardt, Martin, J. A. Dynamic capabilities: what are they [J]. Strategic Management Journal, 2000, special issue 21 (10 – 11): 105 – 112.

[162] Farrell J, Flood P. CEO leadership, top team trust and the combination and exchange of information [J]. Irish Journal of Management, 2005, 26 (1): 22 – 24.

[163] Figueiredo. Learning, capability accumulation and firms differences: evidence from latecomer steel [J]. Industrial and Corporate Change, 2003, 12 (3): 607 – 643.

[164] Frazelle E. Flexibility: A stragegic response to changing times [J]. Industrial Engineering, 1986, 18 (3): 17 – 20.

[165] Geiger S, Makri M. Exploration and exploitation innovation processes:

the role of organizational slack in R&D Intensive fims [J]. Journal of High Technology Management Research, 2006, 17 (1): 97 – 108.

[166] Grant R M. The source based theory of competitive advantage: implications for strategy formulation [J]. California Management Review, 1991, 33 (3): 114 – 135.

[167] Grant R. Prospering in dynamically competitive environments: organization capability as knowledge integration [J]. Organization Science, 1996, 7 (4): 376 – 381.

[168] Haken H. Information and self-organization [M]. New York: Springer – Verlag. 1998: 56 – 73.

[169] Hardark G. , Ahmed P. K. , Graham G. An integrated response towards the pursuit of fast time to market of NPD in European manufacturing organizations [J]. European Business Review, 1998, 3: 172 – 177.

[170] Helfat C. E, Eisenhardt K. M. Inter-temporal economies of scope, organizational modularity, and the dynamics of diversification [J]. Strategic Management Journal, 2004, 25 (12): 1217 – 1232.

[171] Helfat, Pereraf. The dynamic resource-based view: capability lifecycles [J]. Strategic Management Journal, 2003, 24 (10): 997 – 1008.

[172] Henderson R. M, Clark. Architectural innovation: the reconfiguration of existing product technologies and the failure of established firms [J]. Administrative science quarterly, 1990, 35: 9 – 30.

[173] Henderson R M, Cockburn I. Measuring competence Exploring firm effect in pharmaceutical research [J]. Strategic Management journal, 1994, 15: 63 – 84.

[174] Hobday M. Innovation in East Asia: the challenge to Japan [M]. Edward Elgar, 1995: 87 – 98.

[175] Hwang C L, Yoon K. Multiple attribute decision making: methods and applications [M]. Springer, Heidelberg, 1981: 18 – 32.

[176] Iansiti M. & Clark K. B. Integration and dynamic capability: evidence from product development in automobiles &mainframe computers [J]. Industrial & Corporate Change, 1994: 557 – 605.

[177] Iansiti M. How the incumbent can win: managing technological transi-

tions in the semiconductor industry, Management Science, 2000, 46: 169 – 185.

[178] Iansiti M, Levien R. The keystone advantage: what the dynamics of business ecosystems mean for strategy innovation and sustainability [M]. Boston: Harvard Business School Press, 2004: 45 – 56.

[179] Iansiti M. Technology integration: making critical choice in a dynamic world [J]. Harvard Business School Press, 1998: 20 – 23.

[180] Iansiti M. Technology integration: managing technological evolution in a complex environment [J]. Research Policy, 1995, 4: 521 – 542.

[181] Iansiti M. Technology integration: turning great research into great products [J]. Harvard Business Review, 1997, 7: 69 – 79.

[182] Iansiti M, West J. From physics to function: an empirical study of research and development performance in the semiconductor industry [J]. The journal of product innovation management, 1999, 16: 385 – 399.

[183] Inkpen. Transfer of knowledge in the multinational corporation: considering context [C]. Academy of Management Annual Meeting, 1996: 238 – 245.

[184] James. Innovation and learning in complex offshore construction projects [J]. Research Pilicy, 2000, 29: 973 – 989.

[185] Jantunen A. Knowledge-processing capabilities and innovation performance: an empirical study [J]. European Journal of Innovation Management, 2005, 8 (3): 336 – 348.

[186] Johanna L, Magnus G. Integrating the customer as part of systems integration [J]. International Journal of Managing Projects in Business, 2010, 3 (2): 117 – 129.

[187] Kim. Building technological capability for industrialization: analytical frameworks and Korea's experience [J]. Industrial and Corporate Change, 1999, 8 (1): 111 – 135.

[188] Kim L. Imitation to innovation: the dynamics of Korea's technological learning [M]. Harvard Business School Press, 1997: 86 – 96.

[189] Kodama. Technology fusion and the R&D [J]. Havard Business Review, 1992, 8: 70 – 77.

[190] Kogut B, Zander U. Knowledge of the firm, combinative capabilities, and the replication of technology [J]. Organization Science, 1992, 3 (3):

383 - 397.

[191] Lall S. Developing countries as exporters of technology: a frist look at the Indian experience [J]. Strategic Management, 1998, 2: 97 - 106.

[192] Lanctot A, Swan K. Technology acquisition strategy in an internationally competitive environment [J]. Journal of International Management, 2000, 6 (3): 187 - 213.

[193] Laursen, Salter. Open innovation: the role of openness in explaining innovation performance among UK manufacturing firms [C]. Denmark: DRUID Conference, 2004: 238 - 249.

[194] Lee J, Bao Z, Choi D. Technology development process: a model for a development of absorptive research [J]. Academy of Management Proceedings, 2002: 34 - 56.

[195] Mark A, Leender, Berend W. The effectiveness of different mechanisms for integrating marking and R&D [J]. Journal of Product Innovation Management, 2002, 19: 305 - 306.

[196] Marsh S. J, Stock G N. Building dynamic capabilities in new product development through intertemporal integration [J]. The Journal Product Innovation Management, 2003, 20 (2): 136 - 148.

[197] Martinez, Sanche A, Vela. Inter-organization cooperation and environmental change: moderating effect between flexibility and innovation performance [J]. British Journal of Management, 2009, 20 (4): 537 - 556.

[198] Martin X, Salomon R. Knowledge transfer capabity and its implications for theory of the multinational corporation [J]. Journal of International Business Studies, 2003, 34: 356 - 373.

[199] Mehdi K, Mike H, Ali K. Latecomer systems integration capability in complex capital goods: the case of Iran's electricity generation systems [J]. Industrial and Corporate Change, 2014, 23 (3): 869 - 716.

[200] Meyer M. Revitalizing your product lines through continuous platform renewal, research technology management [J]. Research Policy, 1997, 4: 35 - 56.

[201] Miller D, Droge C. Psychological and traditional dimensions of structure [J]. Administrative Science Quarterly, 1996, 31 (4): 539 - 560.

[202] Muller. Structurel equation modeling: back to basics [J]. Structural

Equation Modeling, 1997 (4): 353 – 368.

[203] Mutch A. Technology, organization, and structure-a morphogenetic approach [J]. Organization Science, 2012, 21 (3): 507 – 520.

[204] Neilson G. Organization DNA [J]. Stragegic Finance, 2004, 86 (5): 20 – 22.

[205] Neilson G, Pasternack B, Van N. The passive-aggressive organization [J]. Harvard Business Review, 2006, 84 (2): 159 – 161.

[206] Nelson R, Winter S. An evolution theory of economic change [M]. Harvard University Press, 1982: 248 – 246.

[207] Nohria N, what is the optimum amount of organizational slack? A study of the relationship between slack and innovation in multination firms [J]. Academy of Management Proceedings, 1997, 15 (6): 603 – 611.

[208] Petronoi Alberto. The logistics of industrial location decisions: an application of the analytic hierarchy process methodology [J]. International Journal of Logistics Research and Applications, 2000, 11: 35 – 38.

[209] Prahalad C. K, Hamel G. The Core competence of the corporation [J]. Havard Business Review, 1990, 68 (3): 79 – 85.

[210] Scherer F. M. Firm size, market structure, opportunity and the output of patented inventions [J]. American Economics Reviews, 1963, 55 (5): 1097 – 1125.

[211] Shih – Yi Chien, Ching – Han Tsai. Dynamic capability, knowledge, learning, and firm performance [J]. Journal of Organizational Change Management, 2012, 25 (3): 299 – 320.

[212] Shu – Mei Tseng, Pei – Shan Lee. The effect of knowledge management capability and dynamic capability on organizational performance [J]. Journal of Enterprise Information Management, 2014, 27 (2): 111 – 125.

[213] Sigrid D W. Learning and capability development: the impact of social capital [J]. Advances in Applied Business Strategy, 2008, 10: 111 – 135.

[214] Simon E, Mckeough D, Ayerslynnet A. How do you best organize for radical innovation [J]. Research Technology Management, 2003, 46 (5): 17 – 20.

[215] Smith K, Collins C, Clark K. Existing knowledge, knowledge creation capability, and the rate of new product introduction in high-technology firms [J].

Academy of Management Journal, 2005, 48 (2): 346 - 357.

[216] Spender J. C, Grant R. Knowledge and the firm: an overview [J]. Strategic Management Journal, 1996, (17): 45 - 62.

[217] Tang. An integration model of innovation in organization [J]. Technovation, 1998, 5: 297 - 309.

[218] Teece D. J, Pisano G. The dynamic capabilities of firms: an introduction [J]. Industrial and Corporate Change, 1994, 3 (3): 537 - 556.

[219] Teece, Pisano, Shuen. Dynamic capabilities and strategic management [J]. Stragegic Management Journal, 1997, 18: 509 - 533.

[220] Tichy N, Sherman S. Control your destiny or someone else will [M]. New York: New York Harper Business, 1993.

[221] Tsui A. Contextualization in Chinese management research [J]. Mangement and Organization Review, 2006, 2 (1): 1 - 13.

[222] Urban Ljungquis. Adding dynamics to core competence concept applications [J]. European Business Review, 2013, 25 (5): 171 - 180.

[223] Verona. M. A resource-based view of product development [J]. Academy of Management Review, 1999, 24 (1): 133 - 143.

[224] Wene Co. Energy technology learning through deployment in competitive markets [J]. Engineering Economist, 2008, 53 (4): 340 - 362.

[225] West, Iansiti M. Experience and the accumulaton of knowledge: the evolution of R&D in the semiconductor industry [J]. Research Policy, 2003, 32 (5): 809 - 825.

[226] Wichitsathian S, Nakruang D. Knowledge integration capability and entrepreneurial orientation: case of Pakthongchai Silk Groups Residing [J]. Entrepreneurship and Sustainability Issues, 2019, 7 (2): 977 - 989.

[227] Yong Jin Kim, Seokwoo Song, V. Sambamurthy, et al. Entrepreneurship, knowledge integration capability, and firm performance: An empirical study [J]. Information Systems Frontiers, 2012, 14 (5): 1047 - 1060.

[228] Zahra, S. A. , George, G. . Absorptive capacity: a review reconceptualization and extension [J]. Academy of Management Review, 2002, 27 (2): 185 - 198.

[229] Zhu Yayan. A study on the strcture and mechanism of technological mo-

nitoring capabilies for firms under the firms under catching-up stategy [C]. 3rd International Conference on Applied Social Science, 2013: 248 – 254.

[230] Zollo M. , Winter, S. G. Deliberate learning and the evolution of dynamic Capabilities [J]. Organizational Science, 2002, 13 (3): 339 – 351.

[231] Zott C. Dynamic capabilities and the emergence of intraindustry differential firm performance: insights from a simulation study [J]. Strategic Management Journal, 2003, 24 (2): 97 – 125.

附录

企业技术集成能力调查问卷

尊敬的先生/女士：

您好！感谢您在百忙之中抽出时间参与本问卷调查！

首先感谢您参与哈尔滨工业大学管理学院的问卷调查，本调查主要内容是分析企业技术集成能力的构成要素及与集成创新绩效之间的关系，研究目的在于通过培养、提升企业技术集成能力，为企业的集成创新得以有效实施提供对策性建议。

烦请您花几分钟时间填写问卷。请您结合贵公司实际情况，给出您认为最能反映贵公司实际状况的选择。本问卷纯属学术研究，我们保证遵守调查道德，对您填写的所有资料进行严格保密。如果需要了解研究分析结果，请在本页下方填写您的电子邮箱，我们愿意将本书的最终成果提供给贵方参考。在回答下列问题时，如不能得到精确数据，请您尽量做到较准确估计。

电子问卷请发送至：wenjuan_ hit@163. com。

您的回答对我们的研究十分重要，真诚感谢您的热情帮助！

说明：

技术集成是集成创新的基础及核心，是将企业内外部各种技术创造性地加以融合，实现 $1+1>2$ 的效应。技术集成能力是指识别选择企业外部的技术知识，与企业现有技术基础加以整合并运用，以适应不断变化的市场环境，满足企业技术系统需求的一种动态能力，其直接影响到技术集成的实施效果。

由于数据的真实性和完整性对研究成果有很大的影响，敬请您务必仔细阅读每一项问题，不要遗漏任何一题，其中的题目没有对错及优劣之分，只需按您的经验和判断进行选择即可。

请您根据与贵公司实际情况的相符程度进行 5 级打分。谢谢！（若您在电脑上选择，请把相应选择项前的小框改成红色；若打印后填写，请直接在小框内打"√")

评分标准：1——完全不符合；2——符合程度较低；3——符合程度中等；4——符合程度较高；5——完全相符。

第一部分：基本资料

1. 公司名称（此项可选择填写）_____；省市_____
2. 贵公司的性质为
□国有企业　□民营企业　□中外合资企业　□外商独资企业　□其他
3. 贵公司所属行业为
□高新技术产业（包括软件业、电子通信设备制造业、生物制药和新材料业等）
□知识密集型的服务业（包括法律服务、咨询、媒体信息服务、金融服务、教育与培训等）
□传统制造业（包括化工、纺织、建筑、机械等）　□其他（请注明）
4. 公司的成立年限为
□3 年及以下　□3～5 年　□5～8 年　□8～12 年　□12～20 年
□20 年及以上
5. 贵公司员工人数为
□100 人以下　□100～500 人　□501～1000 人　□1001～5000 人
□5000 人以上
6. 在本行业中，公司的经济规模属于
□大型　　□偏大型　　□中型　　□偏小型　　□小型
7. 贵公司年营业收入为
□少于 100 万元　　　□100 万～999 万元
□1000 万～9999 万元　□1 亿～5 亿元
□5 亿元以上
8. 您的职务为
□高层管理者　□中层管理者　□基层管理者　□技术人员
□其他（请注明）
9. 您所在的部门为
□研发　□生产　□市场　□质量管理　□人力资源　□其他（请注明）

10. 您在公司工作的年限为

□1~5 年　□6~10 年　□11~15 年　□16~20 年　□20 年以上

第二部分：技术集成能力、组织柔性管理调查题项

1. 技术监测能力：是企业跟踪、观察、寻求和选取外部先进技术信息的能力。

序号	问题	完全不符合			完全符合	
1	企业拥有先进、完善的实验设备	□1	□2	□3	□4	□5
2	组织成员拥有较强的逻辑思维能力、实验操作能力	□1	□2	□3	□4	□5
3	可以及时针对实验中的错误、反馈意见进行改良	□1	□2	□3	□4	□5
4	企业拥有较为完善的 IT 基础设施	□1	□2	□3	□4	□5
5	组织成员拥有较为丰富的 IT 资源	□1	□2	□3	□4	□5
6	企业可以通过 IT 能力激活潜在的无形资产	□1	□2	□3	□4	□5
7	组织成员中"T"型人才超过 50%	□1	□2	□3	□4	□5
8	组织成员中有先期项目经验的人数超过 30%	□1	□2	□3	□4	□5

2. 技术学习能力：组织为了开发与挖掘潜在所需技术资源，通过对技术的识别、吸收与利用，改进绩效获取新技术的能力。

序号	问题	完全不符合			完全符合	
1	目前与外部组织（包括顾客、供应商、高等院校等）已建立战略联盟、合作研发关系，以获取所需技术	□1	□2	□3	□4	□5
2	能快速发现辨别内外各种新技术、新知识、新变化、新机会	□1	□2	□3	□4	□5
3	在面临多个考虑或方案时，能作出合适和有效的评估和决策	□1	□2	□3	□4	□5
4	组成成员具有较强的学习意识和学习行为	□1	□2	□3	□4	□5
5	组成成员能在企业范围内有效传播和分享知识经验	□1	□2	□3	□4	□5
6	组成成员善于对不同时段的知识加以对比分析、加工存储	□1	□2	□3	□4	□5
7	善于对技术资源开发新的用途，增加新的收入来源	□1	□2	□3	□4	□5

序号	问题	完全不符合			完全符合	
8	善于改善技术利用的方式或流程，提高顾客满意度和劳动生产力	□1	□2	□3	□4	□5
9	组织成员能迅速利用现有技术知识满足竞争需求	□1	□2	□3	□4	□5

3. 技术系统整合能力：为了实现技术集成，将企业内外部各分支技术加以整合，使其相互匹配，满足技术系统需求的能力。

序号	问题	完全不符合			完全符合	
1	各分支技术在整合后能够较好地融合并发挥功能	□1	□2	□3	□4	□5
2	获取的技术与企业自有技术能较好地匹配运行	□1	□2	□3	□4	□5
3	集成后基本不产生负效果或无效果的技术	□1	□2	□3	□4	□5
4	集成后分支技术无法用更为简单的技术替代	□1	□2	□3	□4	□5
5	企业申请和获取的专利数处于同行业的较高水平	□1	□2	□3	□4	□5
6	企业自主核心技术拥有量处于同行业的较高水平	□1	□2	□3	□4	□5
7	企业研发新产品的成功率处于同行业的较高水平	□1	□2	□3	□4	□5

4. 组织柔性：是具有不断适应和调整能力的组织结构及制度，能有效地降低外部环境额不确定性、降低技术创新风险，使企业能够快速、敏捷地抓住和利用外部机会。

序号	问题	完全不符合			完全符合	
1	组织内部可以通过非正式关系协作	□1	□2	□3	□4	□5
2	为实现任务目标，在特殊情况下不必拘泥于正式的规章制度	□1	□2	□3	□4	□5
3	组织趋向于由工作需求和员工个性来决定合适的工作行为	□1	□2	□3	□4	□5
4	大多数组织成员都能在部门内部分享决策权	□1	□2	□3	□4	□5
5	具有灵活快速的问题解决机制	□1	□2	□3	□4	□5
6	管理者权力下放，各部门实行分权管理	□1	□2	□3	□4	□5
7	组织成员可以参与企业重大决策的制定	□1	□2	□3	□4	□5

第三部分：企业集成创新绩效的评价

请根据下列问题回答贵公司近 3 年来的整体状况。

序号	问题	完全不符合 　　　　　　完全符合
1	集成创新有助于缩短产品研发时间或延长产品使用寿命	□1 □2 □3 □4 □5
2	集成创新使企业在技术上持续进步，保持行业领先地位	□1 □2 □3 □4 □5
3	集成创新中的技术积累使企业内部创新成功率提升	□1 □2 □3 □4 □5
4	创新的成功有利于企业获取其他创新源进行开发合作	□1 □2 □3 □4 □5
5	集成创新积累的经验有助于新项目的实施	□1 □2 □3 □4 □5
6	集成创新的实施有助于新产品的挖掘、新市场的拓展	□1 □2 □3 □4 □5
7	企业的销售收入达到或超过预期销售收入目标	□1 □2 □3 □4 □5
8	企业的纯收益达到或超过预期纯收益目标	□1 □2 □3 □4 □5
9	企业创新收入占投入经费的比例较高	□1 □2 □3 □4 □5

您认为以上问题能否反映技术集成能力与集成创新之间的关系：

□ 基本可以　　□ 比较可以　　□ 完全可以

若您能在该留言板中留下您对技术集成能力构成要素及与集成创新的作用关系问题设计的宝贵建议，我们将不胜感激！

_____

_____

_____

_____

感谢您在百忙中抽出时间填写问卷！

敬祝

工作顺利，万事如意！

后　记

　　此书为 2020 年度黑龙江省哲学社会科学规划项目"智能化升级背景下黑龙江省装备制造业创新驱动力提升研究"（20JYE278）的成果。

　　回首往昔，感慨万千，借此书以表感谢。我的科研成长之路离不开各位老师和专家的指导和帮助。首先感谢于渤教授，于老师一丝不苟的治学精神、孜孜不倦的诲人态度让我深感敬佩，为我的科研之路指明了前进方向。感谢綦良群教授对我的悉心指导和关怀鼓励，让我坚定信念，在科研路上踏实向前。同时感谢各位专家和同行的指点，为我的研究提供了宝贵的意见和建议，使我受益匪浅。

　　特别感谢我的家人对我的关怀和帮助，他们对我无尽的爱、理解和支持，使我没有后顾之忧，能够全身心地投入科研工作中。尤其感谢我的爱人，在我陷入逆境时，总是不断安慰鼓励我，让我坚定信念，踏上追寻未来美好生活的征途。感谢我的朋友们一直以来的鼓励和帮助，让我感受到情义无价。

　　我会常怀感恩之心，笃行致远，砥砺前行！

郭　亮

2023 年 3 月